目次

(商業706)「ビジネス・マネジメント」準拠問題集

■本書の使い方

①この問題集は，実教出版の教科書(商業706)「ビジネス・マネジメント」に準拠しています。

②穴埋め形式の**要点整理**で知識を定着させたあと，応用的な問題を含む**Step問題**にチャレンジしましょう。

③要点整理には，一定のまとまりごとに，**チェックボックス**をつけました。よくできた場合は，一番上のチェックボックスにチェックしましょう。できた場合は真ん中，あとでもう一度解きたい場合は，一番下のチェックボックスにチェックをつけましょう。すべてのチェックボックスが笑顔になるまでくり返し解きましょう。

④Step問題は，難易度の高い問題に，記述問題にをつけました。記述問題は**解答のポイント**を別冊解答解説に掲載しています。自分自身の解答がポイントをおさえられているかを確認しましょう。

⑤各章末に，教科書の内容に関連した実習課題である**探究問題**と**重要用語の確認**を掲載しています。探究問題にも積極的に取り組み，ほかの人と意見交換などを行ってみましょう。

⑥巻末に**目標設定＆振り返りシート**(▶p.96)を掲載しました。自分自身の学習を振り返りながら，よりよい学習を実践できるように活用してください。

1節 ビジネスの創造と社会

教科書 p.12~14

要点整理

正答数　　／24問

教科書の内容についてまとめた次の文章の(　　)にあてはまる語句を書きなさい。

ビジネスとは，特定の人々を(①　　　)と定め，その人々の(②　　　)を充足させ，抱える(③　　　)を解決する(④　　　)である。

(⑤　　　)とは，ビジネスの創造((⑥　　　))によって社会の(②)と(③)に応えることである。

1 社会に存在する課題

教科書 p.12

Check!

私たちが暮らす社会は，豊かで便利になったものの，さまざまな(③)を抱えている。身の回りにも，数多くの(③)が存在する。身の回りの(⑦　　　)や(⑧　　　)，(⑨　　　)をみつけることは，新しいビジネスを始める出発点となる。

社会に存在する，解決するべき(⑦)や(⑧)，(⑨)はすべて(⑩　　　)という。

2 課題解決としてのビジネス

教科書 p.13

Check!

製品やサービスの提供を通じて，社会のニーズを充足し，(⑪　　　)をすることがビジネスの役割である。つまり，社会的課題はビジネスの機会になる。

社会的課題は，常にビジネスの機会になるわけではない。経済的な(⑫　　　)が低い場合は社会的課題をビジネスによって解決することは極めて難しい。そのため，社会的課題の解決のための(⑬　　　)が重要なのである。

3 課題を便益に変える

教科書 p.14

Check!

新しいビジネスを社会に生み出す活動を(⑭　　　)といい，(⑭)を通じて社会的課題の解決を目指す一連の活動を(⑮　　　)という。

(⑮)は，(⑯　　　)を生み出す活動であると同時に社会をより良くする活動である。その活動は(⑰　　　)に顧客の不便を軽減し，課題を(⑱　　　)に変える活動である。(⑮)は，社会的課題を経済的な対価の交換を伴う(⑲　　　)として解決を目指す活動である。

4 継続的な事業創造の必要性

教科書 p.14

Check!

新たな事業創造は，個人や(⑳　　　)が持続的に存続するための(㉑　　　)の確保という点でも必要である。(⑳)の存続を支える事業の意義や(㉒　　　)は，時代の変化に伴って低下する。(⑳)が長期的に存続するためには，(㉓　　　)な事業創造への(㉔　　　)が必要である。

▶Step 問題

正答数　　／11問

1 次の各文の下線部が正しい場合は○を，誤っている場合は正しい語句を書きなさい。

(1) ビジネスとは，顧客のニーズや課題に対応する<u>非営利活動</u>である。

(2) 社会に存在する解決するべき不便や不満を<u>社会的課題</u>という。

(3) より安いコストで，より経済的価値の高いものを生み出せる状態を，<u>合理性</u>が高いという。

(4) 新しいビジネスを社会に生み出す活動を通じて，社会的課題の解決を目指す一連の活動を<u>組織化</u>という。

(5) 組織が長期的に存続するためには，継続的な<u>事業創造</u>が必要である。

(1)		(2)		(3)	
(4)		(5)			

2 次の文章の［　　］にあてはまるものを解答群から選び，記号で答えなさい。

社会には,解決するべき不便や不満といった［(1)］が多く存在する。ビジネスの役割は,これを解決することにある。課題の解決に向けて，新しいビジネスを社会に生み出す活動を［(2)］といい，これを通じて課題の解決を目指す一連の活動を［(3)］という。ただし，より安いコストで，より高い経済的価値を生み出せない経済的な［(4)］が低い状況ではビジネスによって解決することは困難である。つまり，ビジネスは社会をより良くするために顧客の不便を軽減し，課題を［(5)］に変える活動であると同時に，利益を生み出す活動でなくてはならない。

【解答群】 ア　便益　　イ　事業化　　ウ　効率性　　エ　事業創造　　オ　社会的課題

(1)		(2)		(3)		(4)		(5)	

3 教科書p.14の事例におけるM社のビジネスは，どのような社会的課題を解決したか，50字程度で説明しなさい。

2節 事業創造の基本

教科書 p.15〜20

要点整理

正答数　／40問

教科書の内容についてまとめた次の文章の（　）にあてはまる語句を書きなさい。

1 企業家と企業家活動

教科書 p.15

Check!

社会的課題の解決には既存の価値観や考え方とは異なる（①　　　　）が不可欠である。社会の制度や慣習，文化をより新しく改める活動の担い手を（②　　　　）といい，その活動は（③　　　　）と呼ばれる。

2 事業創造とイノベーション

教科書 p.15

Check!

製品やサービスによって，社会のさまざまな制度や慣習，文化の変化をもたらすなど，社会に経済的な（④　　　　）が起きる現象を（⑤　　　　）という。（⑤）のきっかけとなる個人的な活動を組織で行うようにするのが（⑥　　　　）の（⑦　　　　）である。個人のアイディアを（⑤）に結びつけるのが事業創造である。

3 イノベーションのタイプ

教科書 p.16

Check!

イノベーションという言葉は，（⑧　　　　）によって初めて定義された。彼はイノベーションを（⑨　　　　）ととらえ，既存の労働や資本，生産手段がそれまでの使われ方とは異なる「（⑩　　　　）」で利用される点に注目した。

（⑨）には①（⑪　　　　）（製品上の革新），

②（⑫　　　　）（生産工程上の革新），

③（⑬　　　　）（市場での革新），

④（⑭　　　　）（取引上の革新），

⑤（⑮　　　　）（組織上の革新）

という，主に五つのタイプがある。

4 企業家活動の障壁

教科書 p.17〜18

Check!

企業家活動は新たな事業創造やイノベーションを実現するまでの過程で，乗り越える必要のあるさまざまな（⑯　　　　）に直面する。

1）不確実性

事前に何が起こるかわからない状態のことを（⑰　　　　）という。（⑰）が高くなると，より頻繁に想定外のことに直面する。

2）認知能力の限界

人間が物事を認知する能力である（⑱　　　　）には限界があり，限られた合理性しか持つことができないことを(⑲　　　　　　　　　　)という。

3)慣性

社会活動における(⑳　　　　　　)とは，現状を維持し，変化を避けようとする傾向のことである。(⑳)は(㉑　　　　　　)にも，(㉑)が所属する(㉒　　　　　　)にも，(㉑)や(㉒)によって構成される(㉓　　　　　　)にも存在する。人間に(⑳)があるのは，変化には場合によって不安や苦痛が伴うからである。不安や苦痛を上回る(㉔　　　　　　)を消費者などに提示し，実現することが新しい事業創造とイノベーションの成功に不可欠である。

Check!

5 企業家精神と経営理念

教科書 p.19~20

1)企業家精神

事業創造やイノベーション実現の担い手になる企業家が持つ気質や能力，行動様式を(㉕　　　　　　　　　)という。

(㉕)は(㉖　　　　　　)を求める姿勢とは正反対であり，変化を目指し，社会の変化を利用する。(㉕)に基づく活動は，(㉗　　　　　　　　　　　　)と表現される非合理で無謀にみえる活動でもあるため，企業家を支援する(㉘　　　　　　)の存在が必要である。

2)経営理念

企業家精神をもとにした活動は簡単には支持を得られないため，企業家活動が失敗に終わる原因もそこにある。企業家は多くの支持者の(㉙　　　　　)と(㉚　　　　　)を獲得しなければならない。

企業家が，社会に対して発信する事業の基本的な方針や方針のもとになる価値観を(㉛　　　　　　)という。これは企業家の「思い」を表現するものであると同時に，事業を通じて企業と(㉜　　　　　　　　　　)との関係性を表現したものである。(㉛)は「つくり手(供給者)」にとっても，「使い手(顧客)」にとっても(㉙)や(㉚)の源泉として必要なものである。(㉛)に基づいた具体的な方策を(㉝　　　　　　　　)という。また，(㉛)に基づいて，組織の成員がとるべき行動や行動が依拠するべき基準を示したものを(㉞　　　　　　　　　)という。

3)コーポレート・アイデンティティ

(㉟　　　　　　　　　　　　　　　　　　)((㊱　　　　　　))とは，イメージやデザイン，メッセージの開発と発信を通じて，企業の存在意義を高める活動である。具体的な活動として，社名やブランド名などの(㊲　　　　　　　　　)開発や，企業理念や(㊳　　　　　　　　　　)などのメッセージ開発，ブランド(㊴　　　　　　)や(㊵　　　　　　　　　)の開発などがある。

▶Step問題

正答数　／26問

1 次の各文の下線部が正しい場合は○を，誤っている場合は正しい語句を書きなさい。

(1) 新たに事業を興す人，企業を立ち上げる人を<u>経営者</u>という。

(2) 社会に経済的な革新が起きる現象を<u>レボリューション</u>という。

(3) 事業創造の担い手になる人が持つ気質や能力，行動様式を<u>開拓者精神</u>という。

(4) 企業が社会に対して発信する基本的な方針や企業の価値観を<u>経営理念</u>という。

(5) イメージやデザイン，メッセージの開発と発信から企業の独自性やあるべき姿を示し，企業の存在意義を高める活動を<u>コーポレート・ガバナンス</u>という。

(1)		(2)		(3)	
(4)		(5)			

2 次の(1)〜(5)に最も関係の深いものを解答群から選び，記号で答えなさい。

(1) プロダクト・イノベーション

(2) プロセス・イノベーション

(3) マーケット・イノベーション

(4) サプライ・チェーン・イノベーション

(5) 組織イノベーション

【解答群】
ア 革新的な仕入方法，仕入先
イ 革新的な生産方法
ウ 革新的な協働システム
エ 革新的な機能や品質の製品
オ 革新的な販売方法，販売先

(1)		(2)		(3)		(4)		(5)	

3 次の(1)〜(5)に最も関係の深いものを解答群から選び，記号で答えなさい。

(1) どのような場合でも，見積書は必ず印刷し，主任，係長，課長，部長の印をもらう。

(2) 近くの山が噴火するかも知れない。

(3) 買い物は現金が一番安全なので，キャッシュレス決済はしない。

(4) この町では自治会の長は，高齢の男性しかいない。

(5) 国際紛争が起きればドル高になると思っていたが，円高になった。

【解答群】 **ア** 不確実性　**イ** 認知能力の限界　**ウ** 個人の慣性
エ 組織の慣性　**オ** 社会の慣性

(1)		(2)		(3)		(4)		(5)	

4 次の文章の下線部(1)～(5)の意味するものを解答群から選び，記号で答えなさい。

(1)事業創造やイノベーションの担い手である企業家が持つ気質や能力，行動様式は確実性を求める姿勢とは正反対であり，野心的である。その，(2)果敢に挑戦する，野心的意欲にあふれた活気ある精神に基づく活動は，非合理的で無謀にみえるため，簡単に支持を得ることはできない。企業家は支持者の信頼と共感を獲得する手段として，(3)企業家の思いを表現した企業の経営活動の指針となる信念，信条，理想，倫理を表し，支持者との関係性を築く必要がある。そして，その(4)経営活動を行うための信念や信条などを具体的に表現した方策や，その(5)組織の成員が活動する際に守るべき指針などを作成，公表することで，支持者からの，より一層の信頼や共感を得ようとする。

【解答群】 ア 経営方針　イ 経営理念　ウ 経営行動基準　エ 企業家精神
オ アニマル・スピリット

(1)		(2)		(3)		(4)		(5)	

5 次の(1)～(5)のうち，条件にあてはまるものにはAを，それ以外にはBを書きなさい。

●条件　コーポレート・アイデンティティ（CI）の具体的な活動

(1) 新技術や新商品の開発

(2) 企業理念やコーポレートスローガンなどのメッセージ開発

(3) 新規市場や新規取引先の開拓

(4) 社名やブランド名などのネーミング開発

(5) ブランドロゴやコーポレートカラーの開発

(1)		(2)		(3)		(4)		(5)	

6 下に示した教科書p.16の図が表すマーケット・イノベーションについて，「実店舗」「インターネット」「ECサイト」「結合」の語を用いて60字程度で説明しなさい。

3節 事業機会の発見

教科書 p.21～27

要点整理

正答数 ／40問

教科書の内容についてまとめた次の文章の(　　)にあてはまる語句を書きなさい。

Check!

1 事業機会とは

教科書 p.21

新たにビジネスを創造するには，(①　　　　　　)をみつける必要がある。

(①)とは自社の強みや長所を活かせる場所や自社の製品やサービスを必要とする顧客が社会に存在する可能性のことである。(①)を発見するには，まず自社の製品やサービスを必要とする(②　　　　　　)を発見し，さらにその(②)の(③　　　　　　)や抱える(④　　　　　　)をみつけ，特定する必要がある。

Check!

2 顧客と提供価値

教科書 p.22

1)顧客とは

事業創造の目的は，顧客のニーズを満たし，顧客の課題解決を通じて，顧客に(⑤　　　　　　)を提供することである。顧客とは，製品やサービスを(⑥　　　　　　)する相手であり，製品やサービスの(⑦　　　　　　)を通じて自身の抱える課題を解決し，その経済的な(⑧　　　　　　)として，企業に金銭を支払う。

顧客には，すでに自身の製品やサービスを購入してくれた(⑨　　　　　　)だけではなく，まだ購入していないが購入してくれる可能性のある(⑩　　　　　　)や，まだ存在していないが将来自社の顧客になりうる(⑪　　　　　　)がいる。

2)顧客に提供する価値

顧客に提供される製品やサービスは，顧客のニーズ充足や課題解決において，十分に(⑫　　　　　　)が高い必要がある。

Check!

3 顧客の発見

教科書 p.23～25

1)顧客を発見する

自社の製品やサービスを必要とする(⑬　　　　　　)を社会からみつけ出す必要がある。新しい事業の立ち上げは，(⑭　　　　　　)や(⑮　　　　　　)を発見し，その顧客が(⑯　　　　　　)となるように社会に働きかける活動である。

2)ターゲット顧客の設定

ターゲット顧客の設定には，次の三つの段階がある

1　顧客のニーズと課題の(⑰　　　　　　)

第一段階は顧客のニーズと課題を具体的に知り，理解することである。

[2] 顧客タイプの(⑱　　　　)

第二段階は，ターゲット顧客に自社の製品やサービスに関心を持たせることである。市場全体を複数の顧客集団((⑲　　　　))から成り立っていると想定し，異なる顧客グループに(⑱)し，細分化することを(⑳　　　　)という。

[3] (㉑　　　　)の推定

第三段階は，ターゲット顧客の(㉑)を知り，理解することである。(㉑)は顧客数×(㉒　　　　)×(㉓　　　　)によって決定する。(㉑)を知るには，市場や顧客の動向を知る(㉔　　　　)が必要になる。(㉔)には，ターゲット顧客への(㉕　　　　)，(㉖　　　　)や(㉗　　　　)，紙を利用した(㉘　　　　)やインターネットを利用した(㉙　　　　)，新聞や統計資料などの公刊資料を利用した(㉚　　　　)などがある。

Check!

4 事業機会と潜在市場のギャップ

教科書 p.26

1)潜在市場と不完全性

顧客のニーズが存在するにもかかわらず，はっきりとは顕在化していない市場を(㉛　　　　)という。(㉛)が存在する理由は，既存の製品やサービスが顧客の要求する水準を満たすことができない(㉜　　　　)な水準にあるからである。

2)不完全性を解消する経営活動

顧客の要求水準を超えるための努力は，次の五つの改善から成り立つ。

改善の種類	改善の内容
①製品やサービスの改善	製品やサービスの機能や品質の向上，または(㉝　　　　)の実現を目的とする研究開発。
②(㉞　　　　)や調達方法の改善	機能や品質の向上や(㉝)の実現を目的とする調達。
③製造方法の改善	(㉝)や納期の改善を実現する製造方法。
④(㉟　　　　)の改善	流通において，(㉝)や納期を改善する政策。
⑤(㊱　　　　)の改善	製品やサービスに対する顧客の認知度を高める広告や販売員活動

Check!

5 変化を成長機会に変える

教科書 p.27

(㊲　　　　)や(㊳　　　　)などの社会的課題，(㊴　　　　)とICTの進歩，(㊵　　　　)の進展などから，新しいビジネスが生まれ，拡大している。

▶Step問題

正答数 ／27問

1 次の各文の下線部が正しい場合は○を，誤っている場合は正しい語句を書きなさい。

⑴ 自社の製品やサービスを必要とする顧客が社会に存在する可能性を事業機会という。

⑵ 社会で必要だと思われる程度のことを汎用性という。

⑶ 自社の製品やサービスを必要とする顧客をステークホルダーという。

⑷ 潜在市場が存在する理由は，既存の製品やサービスが不完全な水準にあるからである。

⑸ 環境エネルギー問題という社会的課題が，さまざまな介護ビジネスを生み出している。

⑴		⑵		⑶	
⑷		⑸			

2 次の⑴～⑸に最も関係の深いものを解答群から選び，記号で答えなさい。

⑴ 現状ではニーズを認識していないが，将来自社の製品やサービスの買い手となりうる集団

⑵ すでに社会に存在しているが，自社の製品やサービスの存在を知らない集団

⑶ すでに自社の製品やサービスを購入している集団

⑷ 自社の製品やサービスを必要とし，自社のビジネスの対象となる集団

⑸ 集団全体から，類型化，細分化された小さな集団

【解答群】 **ア** セグメント **イ** ターゲット顧客 **ウ** 潜在顧客 **エ** 顕在顧客 **オ** 未知の顧客

⑴		⑵		⑶		⑷		⑸	

3 次の図の（　　　）にあてはまる語句を書きなさい。

〔第一段階〕顧客の（ ① ）の特定	
〔第二段階〕顧客タイプの（ ② ）	← 顧客集団を細分化する（ ③ ）
〔第三段階〕（ ④ ）の推定	← 市場や顧客の動向を知る（ ⑤ ）

①		②		③	
④		⑤			

4 次の(1)〜(5)に最も関係の深いものを解答群から選び，記号で答えなさい。

(1) 顧客の無意識な動きからニーズを探る。
(2) 統計資料から市場の全体像を知る。
(3) 顧客の自宅でインタビューをする。
(4) インターネットで広範囲に調査する。
(5) 質問事項をまとめた紙を郵送する。

【解答群】 **ア** 訪問調査 **イ** 行動観察 **ウ** 質問票調査 **エ** Web調査 **オ** アーカイブ調査

(1)		(2)		(3)		(4)		(5)	

5 次の(1)〜(5)に最も関係の深いものを解答群から選び，記号で答えなさい。

(1) 北海道と九州にも自社の配送センターを設け，納期の短縮を実現した。
(2) 生産ラインにロボットを導入し，コストダウンを実現した。
(3) 品質向上のため，液晶パネルを輸入品から国産品に変更した。
(4) ターゲット顧客に広告をとどけるため，SNS広告を開始した。
(5) ユーザーレビューで不評であった，電源スイッチの場所を改善した。

【解答群】 **ア** 製品やサービスの改善 **イ** 原材料や調達方法の改善
ウ 製造方法の改善 **エ** 流通方法の改善 **オ** プロモーションの改善

(1)		(2)		(3)		(4)		(5)	

6 事業機会を発見する方法を，「自社の製品やサービス」「顧客」「ニーズ」「課題」という語を用いて50字程度で説明しなさい。

7 教科書p.26の事例において，ｉ社が発見した潜在市場を二つ箇条書きにしなさい。

4節 戦略と競争優位

要点整理

正答数 ／63問

教科書の内容についてまとめた次の文章の(　　)にあてはまる語句を書きなさい。

1 事業創造と競争優位

教科書 p.28〜30

Check!

新たな事業創造の第一段階は(①　　　　　　)の発見であり，第二段階は(②　　　　　　)の向上を通じた(③　　　　　　)の確立である。

1)競争力と競争優位

競争力によって，組織の(④　　　　　　)や(⑤　　　　　　)が決められる。競争優位とは，競合企業との(⑥　　　　　　)によって，自社の製品やサービスが顧客にとってなくてはならない「(⑦　　　　　　)」となっている状態である。他社よりも優れた製品やサービスを提供できなければ，事業機会を他社よりも早く発見したとしても，その事業機会を自分のものとし，(⑧　　　　　　)を果たすことはできない。そのため，競争優位の確立と維持は，ビジネスの継続に不可欠である。

2)競争力の源泉

独自性の高い能力とは，独自の技術力によって(⑨　　　　　　)を行う能力である。技術力に基づいた(⑩　　　　　　)の差が，提供する製品やサービスの差につながり，組織の競争力の源泉になる。

3)希少性と模倣可能性

競合企業が類似の製品やサービスを提供できる可能性を(⑪　　　　　　)という。(⑪)が低く製品やサービスに独自性があれば(⑫　　　　　　)が維持され，一度確立された優位性が維持される。競争力の高さは，経済的な価値の高い製品やサービスを生み出す変換能力の(⑫)や(⑪)によって決まる。

4)同質化戦略と差別化戦略

(⑬　　　　　　)とは競合企業の類似品を製品化することで，先行する企業などへの追従を目指す戦略である。もし顧客が感じる違いが小さければ，製品やサービスは(⑭　　　　　　)に陥る。競合企業間で，提供する製品やサービスの性能や機能，品質，価格などの同質化が進展した状況を(⑮　　　　　　)という。

容易に模倣できない他社とは異なる手段や価値を訴求するのが(⑯　　　　　　)である。競争優位を維持するための戦略であり，独自の(⑰　　　　　　)を持つことが求められる。

ビジネス・マネジメント 準拠問題集 解答・解説

1章 ビジネスの創造
1節 ビジネスの創造と社会

要点整理 p.2

①顧客　②ニーズ　③課題　④営利活動　⑤ビジネス・マネジメント　⑥事業創造　⑦不便　⑧不満　⑨困りごと(⑦⑧⑨順不同)　⑩社会的課題　⑪課題解決　⑫効率性　⑬協働　⑭事業創造　⑮事業化　⑯利益　⑰持続的　⑱便益　⑲営利課題　⑳組織　㉑資金　㉒有用性　㉓継続的　㉔挑戦

Step問題 p.3

1 (1)営利活動　(2)○　(3)効率性　(4)事業化　(5)○

2 (1)**オ**　(2)**エ**　(3)**イ**　(4)**ウ**　(5)**ア**

3 **例**幼い子どもの預け先がみつからず，働きたくても働くことができないという母親が多いという社会的課題。

■解答のポイント

□事例にある「働きたくとも働けない母親が多い」という部分を社会的課題としてとらえ，それについて記述されているか。

1章 ビジネスの創造
2節 事業創造の基本

要点整理 p.4

①アイディア　②企業家(起業家)　③企業家活動(起業家活動)　④革新　⑤イノベーション　⑥新規事業　⑦立ち上げ　⑧ヨーゼフ・シュンペーター　⑨新結合　⑩組み合わせ　⑪プロダクト・イノベーション　⑫プロセス・イノベーション　⑬マーケット・イノベーション　⑭サプライ・チェーン・イノベーション　⑮組織イノベーション　⑯障壁　⑰不確実性　⑱認知能力　⑲限定合理性　⑳慣性　㉑個人　㉒組織　㉓社会　㉔便益　㉕企業家精神(起業家精神)　㉖確実性　㉗アニマル・スピリット　㉘支持者　㉙信頼　㉚共感(㉙㉚順不同)　㉛経営理念　㉜ステークホルダー　㉝経営方針　㉞経営行動基準　㉟コーポレート・アイデンティティ　㊱CI　㊲ネーミング　㊳コーポレートスローガン　㊴ロゴ　㊵コーポレートカラー

Step問題 p.6

1 (1)企業家(起業家)　(2)イノベーション　(3)企業家精神(起業家精神)　(4)○　(5)コーポレート・アイデンティティ(CI)

2 (1)**エ**　(2)**イ**　(3)**オ**　(4)**ア**　(5)**ウ**

3 (1)**エ**　(2)**ア**　(3)**ウ**　(4)**オ**　(5)**イ**

4 (1)**エ**　(2)**オ**　(3)**イ**　(4)**ア**　(5)**ウ**

5 (1)**B**　(2)**A**　(3)**B**　(4)**A**　(5)**A**

6 **例**実店舗での販売とインターネットが結合し，ECサイトという新しい販売経路をもたらしたマーケット・イノベーションを表している。

■解答のポイント

□「実店舗」「インターネット」「ECサイト」「結合」の語が使われているか。

□「実店舗」と「インターネット」が「結合」し，「ECサイト」という革新が起きたことが記述されているか。

1章 ビジネスの創造
3節 事業機会の発見

要点整理 p.8

①事業機会　②顧客　③ニーズ　④課題　⑤価値　⑥提供　⑦消費　⑧対価　⑨顕在顧客　⑩潜在顧客　⑪未知の顧客　⑫有用性　⑬ターゲット顧客　⑭潜在顧客　⑮未知の顧客(⑭⑮順不同)　⑯顕在顧客　⑰特定　⑱類型化　⑲セグメント　⑳セグメンテーション　㉑潜在市場規模　㉒使用頻度　㉓単価(㉒㉓順不同)　㉔市場調査　㉕インタビュー　㉖訪問調査　㉗行動観察(㉖㉗順不同)　㉘質問票調査　㉙Web調査　㉚アーカイブ調査　㉛潜在市場　㉜不完全　㉝コストダウン　㉞原材料　㉟流通政策　㊱プロモーション　㊲少子高齢化　㊳環境エネルギー問題(㊲㊳順不同)　㊴規制緩和　㊵グローバル化

Step問題 p.10

1 (1)○　(2)有用性　(3)ターゲット顧客　(4)○　(5)少子高齢化

2 (1)**オ**　(2)**ウ**　(3)**エ**　(4)**イ**　(5)**ア**

3 ①ニーズと課題　②類型化　③セグメンテーション　④潜在市場規模　⑤市場調査

4 (1)イ (2)オ (3)ア (4)エ (5)ウ

5 (1)エ (2)ウ (3)イ (4)オ (5)ア

6 例自社の製品やサービスを必要とする顧客を発見し，その顧客のニーズや課題をみつけ，特定する。

■解答のポイント

□指定された用語(「自社の製品やサービス」「顧客」「ニーズ」「課題」)を用いたか。

□顧客の発見とニーズや課題の特定について書かれているか。

7 例・家事の時間を節約したい共稼ぎ家庭
・掃除に肉体的な負担を感じる高齢者

■解答のポイント

□「家事負担を軽減したい家庭」について書かれているか。

□「肉体的負担を感じる高齢者」について書かれているか。

1章 ビジネスの創造
4節 戦略と競争優位

● 要点整理 p.12

①事業機会 ②競争力 ③競争優位 ④存続可能性
⑤成長可能性(④⑤順不同) ⑥差別化
⑦かけがえのない存在 ⑧利益の専有 ⑨変換
⑩変換能力 ⑪模倣可能性 ⑫希少性
⑬同質化戦略 ⑭価格競争 ⑮コモディティ化
⑯差別化戦略 ⑰変換能力 ⑱SWOT分析
⑲外部環境 ⑳内部環境 ㉑強み ㉒弱み ㉓機会
㉔脅威 ㉕アクション・プラン ㉖PEST分析
㉗政治的要因 ㉘経済的要因 ㉙社会的要因
㉚技術的要因 ㉛マクロ環境要因
㉜利益ポテンシャル ㉝ファイブ・フォーシズ分析
㉞対抗度 ㉟新規参入 ㊱売り手
㊲買い手(㊱㊲順不同) ㊳代替品 ㊴価値
㊵希少性 ㊶模倣可能性 ㊷組織 ㊸経営資源
㊹VRIO分析 ㊺財務的資源 ㊻人的資源
㊼物的資源 ㊽情報的資源 ㊾コア・コンピタンス
㊿ダイナミック・ケイパビリティ 51基本方針
52現状 53経営目標 54ギャップ 55戦略 56節約
57優先順位 58実行順序 59計画 60実行 61評価
62改善 63PDCAサイクル

▶Step問題 p.15

1 (1)イ (2)オ (3)ウ (4)エ (5)ア

2 (1)エ (2)イ (3)オ (4)ア (5)ウ

3

強み	C	E	弱み	A	
機会	B		脅威	D	

4

政治	C		経済	A	E
社会	B		技術	D	

5 (1)イ (2)ウ (3)オ (4)エ (5)ア

6 (1)組織 (2)○ (3)○ (4)コア・コンピタンス
(5)ダイナミック・ケイパビリティ

7 ①イ ②オ ③ウ ④エ ⑤ア

8 例変換能力の希少性を高め，模倣可能性が低い状況を維持することで競争優位を維持できる。

■解答のポイント

□指定された用語(「変換能力」，「希少性」，「模倣可能性」)を用いたか。

□変換能力の希少性，変換能力の模倣可能性が競争優位の維持に結びつくことが書かれているか。

□製品やサービスの希少性，模倣可能性について書かれていてもよい。

9 例SWOT分析とは，ビジネスを取り巻く外部環境と内部環境を，それぞれ，強みと弱み，機会と脅威に整理し分析する方法である。

■解答のポイント

□指定された用語(「外部環境」「内部環境」「強み」「弱み」「機会」「脅威」)を用いたか。

□外部環境と内部環境の両方から整理する分析方法であることが書かれているか。

10 例A社の「戦略」は，各経営目標の優先順位も実行順序も考慮されていない，単なる目標の羅列であるから。

■解答のポイント

□「優先順位」と「実行順序」を考慮していないことが書かれているか。

□「目標の羅列」となっていることが書かれているか。

1章 ビジネスの創造
5節 事業創造の計画と実行

● 要点整理 p.18

①創業 ②起業(①②順不同)

③新規事業の立ち上げ　④社内企業家
⑤ビジネスアイディア　⑥事業計画書　⑦定款
⑧設立登記　⑨事業計画書　⑩事業者経歴
⑪事業戦略　⑫ビジネス・モデル
⑬売上・収支予想　⑭開業資金　⑮物販モデル
⑯優位性　⑰卸売・小売モデル　⑱品ぞろえ
⑲経済的インセンティブ　⑳消耗品モデル
㉑消耗品　㉒継続課金モデル　㉓課金
㉔サブスクリプション　㉕経済的ペナルティ
㉖フリーミアム　㉗ライセンスモデル　㉘著作物
㉙意匠物　㉚二次利用　㉛広告モデル　㉜広告料
㉝プラットフォームモデル　㉞SNS
㉟クラウドファンディング

▶Step 問題 p.20

1 (1)創業　(2)○　(3)商号　(4)定款　(5)○

2 (1)**イ**　(2)**ア**　(3)**エ**　(4)**ウ**　(5)**オ**

3 (1)**ア**　(2)**エ**　(3)**イ**　(4)**オ**　(5)**ウ**

4 (1)経済的インセンティブ
(2)サブスクリプション　(3)フリーミアム
(4)○　(5)○

5

(1) **例**消耗品モデルの例である。本体のプリンタを販売したあとに，付随の消耗品のインクを販売することで収益を生み出すビジネス・モデルである。

■解答のポイント

□「消耗品モデル」であることが書かれているか。
□消耗品を販売することによって，収益を生み出すビジネス・モデルであることが書かれているか。

(2) **例**継続課金モデルの例である。一括の支払いではなく，顧客への継続的な課金を通じて収益を生み出すビジネス・モデルである。

■解答のポイント

□「継続課金モデル」，もしくは「サブスクリプション」であることが書かれているか。
□継続的な課金を通じて収益を生み出すビジネス・モデルであることが書かれているか。
□「音楽配信サービス」を広告モデルとしてとらえる場合の別解は，次のとおりである。「広告モデルの例である。音楽の合間の広告枠を顧客に提供し，その対価として広告料を受け取ることで収益を生み出すビジネス・モデルである。」

(3) **例**プラットフォームモデルの例である。製品の売買の場を提供し，参加者への課金により収益を生み出すビジネス・モデルである。

■解答のポイント

□「プラットフォームモデル」の例であることが書かれているか。
□場や土台を提供することで収益を生み出すビジネス・モデルであることが書かれているか。

◆探究問題 1 p.22

〔解答例〕

1 あなたの身近な地域の社会的課題について書き出そう。

例　人口減少　高齢化　伝統産業の後継者不足
駅前の駐車場不足　商店街の空き店舗
農家の後継者不足

2 あなたの身近な地域の社会的課題の解決のため，企業や自治体が行っている課題解決のための取り組みを書き出そう。

例　・大都市からの移住者を募集・支援
・休日に市役所の駐車場を開放している。
・空き店舗活用を募集
・農地の貸し出し

3 企業や自治体が行っている課題解決の取り組みの中で，経済的な利益を生み出している取り組みがあれば，そのビジネス・モデルについて考えよう。

例　農地を有料で貸し出すサービスは市内のみならず，都会の人も契約し利益を上げている。料金は月3, 000円で継続課金モデルを採用している。

4 企業や自治体が行う課題解決のための取り組みの中で，経済的な利益を生み出していない取り組みを書き出し，改善するためのアイディアについて考えよう。

例　空き店舗の貸し出しは，借りる人が少なく，効果を上げていない。対象を外国人にし，開店費用を援助すれば，独特な商店街ができて活性化し，市全体として利益につながると考える。

■解答のポイント

①□社会的課題を書き出すことができたか。
②□取り組みについて書き出すことができたか。
③□利益を生み出している取り組みを書き出すことができたか。
□ビジネス・モデルについて言及することができたか。
④□利益を生み出していない取り組みを書き出すことができたか。

□改善するためのアイディアを発想することができたか。
□利益について触れることができたか。

■重要用語の確認 1 p.23

⑴マネジメント ⑵企業家(起業家)
⑶イノベーション ⑷不確実性 ⑸限定合理性
⑹慣性 ⑺経営理念
⑻コーポレート・アイデンティティ(CI)
⑼事業機会 ⑽顕在顧客 ⑾潜在顧客
⑿未知の顧客 ⒀ターゲット顧客
⒁セグメンテーション ⒂競争優位 ⒃変換能力
⒄模倣可能性 ⒅同質化戦略 ⒆差別化戦略
⒇コア・コンピタンス
(21)ダイナミック・ケイパビリティ
(22)事業計画書 (23)ビジネス・モデル

2章 ビジネスの組織化
1節 組織のマネジメント

要点整理 p.24

①雇用 ②目的 ③考え方 ④価値観 ⑤利害
⑥協力 ⑦マネジメント ⑧予測 ⑨計画
⑩組織化 ⑪集合 ⑫タスク ⑬命令 ⑭調整
⑮監視 ⑯修正 ⑰統制(⑮⑯⑰順不同)
⑱事業計画 ⑲成果

▶Step問題 p.24

1 ⑴**エ** ⑵**イ** ⑶**ア** ⑷**オ** ⑸**ウ**

2章 ビジネスの組織化
2節 分業と調整

要点整理 p.25

①組織化 ②命令 ③調整 ④行動 ⑤問題
⑥介入 ⑦自給自足 ⑧専門化 ⑨生産性
⑩単純化 ⑪企業経営 ⑫同じ ⑬水平的分業
⑭上下 ⑮垂直的分業 ⑯事前の調整
⑰行動プログラム ⑱事後の調整 ⑲例外事象
⑳垂直的調整 ㉑水平的調整 ㉒権限の階層
㉓人数 ㉔統制の範囲 ㉕低く ㉖命令 ㉗評価
㉘権限 ㉙責任 ㉚権限と責任の一致 ㉛少ない
㉜多い

▶Step問題 p.26

1 ⑴事後の調整 ⑵分業 ⑶生産性 ⑷○
⑸少なく

2 ⑴**ウ** ⑵**オ** ⑶**イ** ⑷**エ** ⑸**ア**

3 ⑴**6** ⑵**3** ⑶**2** ⑷**3** ⑸**5**

4 例[メリット] 従業員が経験のない新人であっても，一定水準のサービスを提供することができる。
[デメリット] 行動プログラムに想定されていない例外事象への対応が難しくなる。

■解答のポイント

□指定された用語「一定水準」「例外事象」を用いたか。
□メリットとデメリットの両面を書くことができたか(いずれか一方のみを書いていないか)。

2章 ビジネスの組織化
3節 組織の設計

要点整理 p.28

①構造 ②組織形態 ③組織図 ④部門
⑤指揮命令系統 ⑥情報 ⑦ライン ⑧スタッフ
⑨機能別組織 ⑩職務 ⑪事業部制組織
⑫利益責任単位
⑬マトリックス組織(横断的組織)
⑭ツー・ボス・システム ⑮横断的
⑯プロジェクト組織 ⑰特化 ⑱専門化
⑲ノウハウ ⑳一括購入 ㉑コスト ㉒部門間
㉓経営者 ㉔多く ㉕事業部長 ㉖効率的
㉗環境の変化 ㉘自己充足性 ㉙マネジメント
㉚共有 ㉛利益責任単位 ㉜協力 ㉝行
㉞列(㉝㉞順不同) ㉟機能別組織 ㊱事業部制組織
㊲消費者 ㊳ツー・ボス・システム ㊴部下
㊵命令一元化の法則 ㊶期限 ㊷人材 ㊸横断的
㊹プロジェクト・マネージャー
㊺開発リードタイム ㊻解散 ㊼知識
㊽経験(㊼㊽順不同) ㊾還元

▶Step問題 p.30

1 ⑴**イ** ⑵**オ** ⑶**エ** ⑷**ウ** ⑸**ア**

2 ⑴職務 ⑵利益責任単位
⑶ツー・ボス・システム ⑷○ ⑸横断的

3 ⑴**A** ⑵**A** ⑶**A** ⑷**B** ⑸**B**

4 例[長所] 異なる部門間でノウハウの共有をうながすことができる。また，消費者の声を迅速に製品の設計に反映させることができる。
[短所] 二人の上司がいるため，部下がどちらの上司に従えばよいか混乱する。

■解答のポイント

□指定された用語「ノウハウ」「消費者」「部下」を用いたか。

□長所と短所の両面を書くことができたか(いずれか一方のみを書いていないか)。

2章 ビジネスの組織化
4節 組織内部のマネジメント

●要点整理 p.32

①経営者 ②管理者(①②順不同)
③組織内部のマネジメント ④能力 ⑤行動
⑥成果 ⑦分類 ⑧変化 ⑨目標 ⑩手順
⑪環境の不確実性 ⑫経験 ⑬良好
⑭ルーティンワーク ⑮モチベーション ⑯両方
⑰変化 ⑱危機 ⑲ビジョン ⑳改革案
㉑変革型リーダーシップ ㉒人望 ㉓意義 ㉔提示
㉕許容 ㉖創造性 ㉗親身 ㉘支持 ㉙献身的
㉚意欲 ㉛生存欲求 ㉜関係欲求 ㉝成長欲求
㉞自己実現欲求 ㉟要因 ㊱興味 ㊲他者 ㊳単調
㊴報酬 ㊵興味深い ㊶高める
㊷モチベーションのクラウディング・アウト効果
㊸部下 ㊹具体的 ㊺明確(㊹㊺順不同)
㊻達成可能 ㊼一方的 ㊽意見 ㊾責任 ㊿成果
51職務内容 52設計 53スキル多様性
54タスク完結性 55タスク重要性 56自律性
57フィードバック 58メンバー間
59部門間(58 59順不同) 60対立 61利益
62コミュニケーション 63自己主張 64協力
65回避 66融和 67妥協 68競争 69問題直視

▶Step問題 p.35

1 (1)A (2)B (3)A (4)B (5)A

2 (1)○ (2)シェアド・リーダーシップ (3)ルーティンワーク (4)セル生産 (5)モニタリング・コスト

3 (1)オ (2)エ (3)ウ (4)ア (5)イ

4 (1)ウ (2)エ (3)イ (4)オ (5)ア

5 (1)ウ (2)オ (3)エ (4)ア (5)イ

6 例 ・環境の変化や組織の危機を明確にすること
・明確で魅力的な将来のビジョンを提示すること
・具体的な改革案を策定し完遂させること

■解答のポイント

□指定された用語「環境の変化」「ビジョン」「改革案」を用いたか。

□危機の認識,ビジョンの提示,改革案の策定・完遂をすべて記載することができたか。

7 例作業者がタスクに関する興味を持っている際に,外発的動機付けを高める施策を導入すると,内発的動機付けを弱めてしまうこと。

■解答のポイント

□指定された用語「外発的動機付け」「内発的動機付け」を用いたか。

□「外発的動機付け」を提供することによる負の影響に言及できたか。

2章 ビジネスの組織化
5節 取引関係のマネジメント

●要点整理 p.38

①協力的 ②社内 ③他社 ④垂直統合 ⑤効率的
⑥取引費用 ⑦内製 ⑧市場取引 ⑨生産活動
⑩長期的 ⑪系列取引 ⑫競争的 ⑬継続
⑭系列関係 ⑮ディーラー

▶Step問題 p.39

1 (1)○ (2)垂直統合 (3)取引費用 (4)系列取引 (5)前方統合

2 例一つ目の基準は,自社生産と他社生産でどちらのほうが生産費用を低く抑えることができるかである。二つ目は取引費用であり,外注のほうが生産費用は安い場合であっても,取引費用が高くなる場合には,内製を選ぶことになる。

■解答のポイント

□指定された用語「生産費用」「取引費用」を用いたか。

3 例従来は顧客に対する,修理などのアフターサービスが重要であったが,近年ではその必要性が低下したため。

■解答のポイント

□業界の現状を踏まえて,正しい理由を書くことができたか。

◆探究問題 2 p.40

解答例

1 あなたが学校や地域社会で所属している組織をできるだけ多く書き出そう。

例 部活動 クラス 家庭 町内会 など

2 ①で考えた組織におけるあなたの具体的なタスクは何か。水平的分業と垂直的分業のいずれかに分類して書き出そう。

例
[水平的分業]
サッカー部のFWとして，チームに貢献する。
家族の一員として，家の掃除をする。
[垂直的分業]
サッカー部の部長として，部をまとめる

3 ②で考えた組織におけるタスクについて，モチベーションを高めるためにはどうしたらよいか考えよう。

例
・部長として組織をまとめるために，県大会に出場するという目標を設定する。
・掃除時間に応じて，お小遣いをもらえるように家族と相談する。

■解答のポイント

①□具体的な組織を多くあげることができたか。

②□組織におけるタスクをまとめることができたか，また，それを正しく分類することができたか。

③□内発的動機付けと外発的動機付け，目標設定理論，職務設計理論のいずれかに該当する考えをまとめることができたか。

■重要用語の確認 2 p.41

(1)タスク (2)分業 (3)調整 (4)水平的分業 (5)垂直的分業 (6)行動プログラム (7)垂直的調整 (8)水平的調整 (9)権限と責任の一致 (10)ライン (11)スタッフ (12)機能別組織 (13)事業部制組織 (14)マトリックス組織 (15)命令一元化の法則 (16)プロジェクト組織 (17)コンフリクト (18)内製 (19)外注 (20)垂直統合 (21)系列取引

3章 経営資源のマネジメント
1節 財務的資源のマネジメント

要点整理 p.42

①経営資源 ②ヒト ③モノ ④カネ ⑤情報 ⑥財務的資源 ⑦資金調達 ⑧財務分析 ⑨株式調達 ⑩負債調達 ⑪資本コスト ⑫株主 ⑬配当金 ⑭社債 ⑮債権者 ⑯エクイティ・ファイナンス ⑰デット・ファイナンス ⑱直接金融 ⑲間接金融 ⑳金融派生商品 ㉑デリバティブ(⑳㉑順不同) ㉒先物取引 ㉓オプション取引 ㉔スワップ取引 ㉕ステークホルダー ㉖財務諸表 ㉗収益性 ㉘安全性(㉗㉘順不同) ㉙利益 ㉚収益 ㉛費用 ㉜売上総利益 ㉝売上原価 ㉞付加価値 ㉟営業利益 ㊱販売費及び一般管理費 ㊲経常利益 ㊳営業外収益 ㊴営業外費用 ㊵当期純利益 ㊶特別利益 ㊷特別損失 ㊸税引前当期純利益 ㊹税金 ㊺税引後当期純利益 ㊻収益性 ㊼売上高利益率 ㊽売上高総利益率 ㊾売上高営業利益率 ㊿資本利益率 (51)自己資本利益率 (52)総資本利益率 (53)総資産利益率 (54)事業利益 (55)資本回転率 (56)流動負債 (57)流動資産 (58)流動比率 (59)200% (60)100% (61)当座比率 (62)当座資産 (63)自己資本比率 (64)50%以上 (65)固定比率 (66)100%

▶Step問題 p.46

1 (1)経営資源 (2)○ (3)財務諸表 (4)デリバティブ (5)高い

2 (1)ウ (2)エ (3)オ (4)ア (5)イ
①600 ②350 ③320 ④400 ⑤380

3 (1)A (2)B (3)B (4)A (5)A

4 (1)A (2)A (3)A (4)A (5)B

5 例マネジメントの出発点は資金の調達であり，資金の調達を起点として，従業員の雇用や資材の購入を行うため。

■解答のポイント

□指定された用語(「従業員」，「資材」)を用いたか。

□まず，資金を調達し，その資金によって人的資源や物的資源を得ることができる点について書くことができたか。

6 例資本利益率を高めるためには，売上高利益率を高める方法と資本回転率を高める方法がある。

■解答のポイント

□売上高利益率と資本回転率の向上について書かれているか。

3章 経営資源のマネジメント
2節 人的資源のマネジメント

要点整理 p.48

①人的資源 ②採用 ③情報の非対称性 ④リアリティ・ショック

⑤リアリスティック・ジョブ・プレビュー(RJP)
⑥雇用形態　⑦採用計画　⑧正規雇用
⑨非正規雇用　⑩パートタイム労働者　⑪派遣社員
⑫短時間労働者　⑬直接雇用　⑭人材派遣会社
⑮間接雇用　⑯昇進　⑰福利厚生
⑱男女雇用機会均等法　⑲障害者雇用促進法
⑳賃金　㉑所定内給与　㉒所定外給与　㉓基本給
㉔職能給　㉕勤続給(㉔㉕順不同)　㉖役職手当
㉗住宅手当　㉘残業手当　㉙賞与　㉚福利厚生
㉛退職金　㉜年金　㉝健康保険　㉞介護保険
㉟社会保険制度　㊱雇用保険　㊲労働保険制度
㊳退職給付金　㊴職能資格制度　㊵職能資格等級
㊶号俸表　㊷昇格　㊸勤務年数　㊹昇進
㊺賃金カーブ　㊻賃金格差　㊼OJT
㊽オン・ザ・ジョブ・トレーニング
㊾Off-JT　㊿オフ・ザ・ジョブ・トレーニング
(51)具体性　(52)訓練費用　(53)階層別　(54)職能別
(55)目的別　(56)配属　(57)部署　(58)異動　(59)適性
(60)適正配置　(61)社内公募制度
(62)社内フリーエージェント制度(社内FA制度)
(63)ファスト・トラック型　(64)遅い昇進
(65)モチベーション　(66)社会的責任　(67)労働環境
(68)労働基準法　(69)法定労働時間　(70)8時間
(71)40時間　(72)時間外労働時間　(73)所定労働時間
(74)労働組合　(75)労使協定　(76)36協定
(77)サテライトオフィス　(78)変形労働時間制
(79)みなし労働時間制　(80)事業場外みなし制
(81)裁量労働制　(82)フレックスタイム制度　(83)副業
(84)パラレルキャリア　(85)労働災害
(86)労災((85)(86)順不同)　(87)労災給付　(88)業務遂行性
(89)業務起因性　(90)労災認定基準　(91)過労死
(92)100時間　(93)80時間　(94)メンタルヘルス
(95)健康経営

▶Step 問題 p.52

1　(1)○　(2)採用　(3)情報の非対称性
(4)○　(5)リアリスティック・ジョブ・プレビュー

2　(1)B　(2)B　(3)A　(4)B　(5)A

3　(1)B　(2)A　(3)B　(4)B　(5)B

4　(1)A　(2)B　(3)B　(4)A　(5)A

5　(1)200,000　(2)208,000　(3)258,800
(4)265,400　(5)343,200

6　(1)ウ　(2)ア　(3)オ　(4)イ　(5)エ

7　(1)異動　(2)社内公募制度　(3)○
(4)ファスト・トラック型　(5)○

8　(1)8時間　(2)40時間　(3)7時間
(4)7時間45分　(5)10時間

9　(1)B　(2)A　(3)C　(4)B　(5)C

10　(1)ウ　(2)エ　(3)イ　(4)オ　(5)ア

11　例遅い昇進は組織成員のモチベーションを維持するメリットがある。また，候補が選抜される期間が長いことにより，複数の上司から評価を受けることができる。

■解答のポイント

□遅い昇進のメリットについて，モチベーションの面から触れているか。
□遅い昇進のメリットについて，選考する上司の視点から触れているか。

12　例36協定とは，従業員に法定労働時間を超えて仕事をさせる場合の労使協定による書面契約であり，従業員の過半数で組織する労働組合か従業員の過半数を代表する者と会社の代表によって結ばれる。

■解答のポイント

□36協定の内容について記述されているか。
□36協定の結び方について記述されているか。

13　例社員が副業で得た経験や人脈，スキルなどが本業の成果につながることや，多様な働き方を認めることで優秀な人材を確保できるメリットがある。

■解答のポイント

□副業から得る知識や経験，人脈などについて記述されているか。
□優秀な人材を確保できるというメリットに触れているか。

3章 経営資源のマネジメント
3節 物的資源のマネジメント

●要点整理 p.56

①原材料　②物的資源　③生産工程　④製造原価
⑤材料費　⑥労務費　⑦外注加工賃　⑧経費
⑨製造直接費　⑩製造間接費　⑪直接材料費
⑫直接労務費　⑬直接経費　⑭間接材料費
⑮間接労務費　⑯間接経費　⑰不良率
⑱つくりすぎのムダ　⑲半製品　⑳手待ちのムダ
㉑運搬のムダ　㉒加工そのもののムダ
㉓在庫のムダ　㉔動作のムダ

㉕不良品をつくるムダ　㉖ジャスト・イン・タイム
㉗ボトルネック
㉘インダストリアル・エンジニアリング
㉙科学的管理法　㉚インセンティブ
㉛流通チャネル　㉜流通経路(㉛㉜順不同)
㉝直接流通　㉞卸売業　㉟間接流通
㊱オムニチャネル戦略　㊲流通構造　㊳長く
㊴短く　㊵卸売小売販売額比率
㊶W/R比率(㊵㊶順不同)　㊷閉鎖的　㊸開放的
㊹閉鎖的な流通構造　㊺開放的な流通構造
㊻サプライ・チェーン
㊼サプライ・チェーン・マネジメント　㊽SCM
㊾在庫費用　㊿販売機会　51需要予測　52生産体制
53POSシステム　54リードタイム
55ロットサイズ　56事業継続計画

▶Step問題 p.59

1 間接材料費20　直接労務費300
製造間接費110　製造直接費510
製造原価620

2 ①つくりすぎのムダ　②手待ちのムダ
⑤在庫のムダ　⑥動作のムダ
⑦不良品をつくるムダ

3 ①工程B　②中間在庫　③工程C
④工程A　⑤3分の1

4 (1)インダストリアル・エンジニアリング(IE)
(2)科学的管理法　(3)○　(4)ロットサイズ
(5)サプライ・チェーン・マネジメント(SCM)

5 (1)B　(2)A　(3)A　(4)B　(5)B

6 例つくりすぎのムダとは，需要量に対して過剰な製品，半製品，仕掛品を生産することであり，在庫のムダを引き起こす。

■解答のポイント
□つくりすぎのムダについて記述されているか。
□つくりすぎのムダが在庫のムダの原因となることが記述されているか。

7 例手待ちのムダは前工程のどこかがボトルネックになっていることから発生する。それを解消するためには，ボトルネックとなっている工程の生産能力が高まるように人員や設備を多く投入することが必要である。

■解答のポイント
□指定された用語，「前工程」「ボトルネック」を用いているか。
□手待ちのムダの発生原因に触れているか。
□手待ちのムダの解消法が記述されているか。
□手待ちのムダが起きている工程の生産能力を引き下げるという解答もあり得る。

8 ①約4.0　②約2.2
③この間に卸売業の販売額が約45%減少した。
(この間に卸売業の販売額が約55%になった。)

9 条件1のW/R比率　1.5
条件2のW/R比率　0.8
[W/R比率と流通構造の長さの関係]
例W/R比率が大きいと流通構造が長く，小さいと流通構造が短いと推測できる。

■解答のポイント
□条件1のW/R比率については，以下の式で求める。
W/R比率=（70兆円+80兆円）÷100兆円
□条件2のW/R比率については，以下の式で求める。
W/R比率=80兆円÷100兆円
□W/R比率が流通構造内の卸売業の数に大きな影響を受けることを踏まえて記述されているか。

3章 経営資源のマネジメント
4節 情報的資源のマネジメント

●要点整理 p.62

①無形資産　②情報的資源　③知識集約型産業
④労働集約型産業　⑤資本集約型産業
⑥ノウハウ　⑦情報技術　⑧通信技術　⑨IoT
⑩AI　⑪自動運転技術　⑫暗黙知　⑬形式知
⑭知識創造　⑮協働　⑯SECIモデル
⑰共同化　⑱表出化　⑲連結化　⑳内面化
㉑知的財産権　㉒著作権　㉓産業財産権　㉔特許権
㉕実用新案権　㉖意匠権　㉗商標権
㉘クローズ戦略　㉙ロイヤリティ　㉚オープン戦略
㉛経営資源　㉜オープン・イノベーション

▶Step問題 p.64

1 (1)イ　(2)ウ　(3)オ　(4)ア　(5)エ

2 (1)IoT　(2)AI　(3)暗黙知　(4)○
(5)SECIモデル

3 (1)イ　(2)オ　(3)ア　(4)エ　(5)ウ

4 (1)産業財産権　(2)クローズ戦略　(3)○　(4)○

(5)オープン・イノベーション

5 例[情報] 小売店がPOSシステムで得ることができる，それぞれの商品に関する時間別，曜日別，顧客別の売上データ。
[知識] POSシステムで得られた情報から導かれた，それぞれの商品に関する売上の曜日別や時間別の一般的な傾向。

■解答のポイント
□情報の例が正しく記述されているか。
□知識の例が正しく記述されているか。
□情報と知識の概念について，情報が客観的に得られるデータであり，知識が一般性がある情報や，データを活用する方法であることを大まかに説明できているか。

6 例スマートフォンと人工衛星による位置と，歩くスピードと信号機の情報をコンピュータが管理し，赤信号で待たない最も効率的なルートを案内してくれる。
例トイレに尿や便を検査する装置をつけ，その情報をコンピュータで管理し，場合によっては情報を病院に送ることで，病気の早期発見や高度な健康管理が可能になる。

■解答のポイント
□指定された図中にあるものを題材に書かれているか。
□インターネットでつながることにより可能になることが書かれているか。

7 例他社や研究機関などによる技術と自社が開発した技術を，協働により高めることで実現されるイノベーションのことである。

■解答のポイント
□他社や研究機関の所有する経営資源を活用することが記述されているか。
□協働により，効率的にイノベーションを生み出そうとする戦略であることが記述されているか。

◆探究問題 3 p.66

〔解答例〕
・探究問題3では，あなたが何らかの事業を始めると仮定し，経営資源について考えます。

1 あなたが始める事業を一つに特定しよう。例にならい事業内容を決定しなさい。

例 スポーツ用品店

2 事業を行うために必要な「人的資源」を，例を参考にして書き出そう。

例
・スポーツ経験のある人
・スポーツ用品の修理ができる人
・コミュニケーション能力の高い人
・営業力のある人

3 事業を行うために必要な「物的資源」を，例を参考にして書き出そう。

例
・店舗，什器，備品
・大手スポーツメーカーの商品
・希少価値のある小規模メーカーの商品
・最新のICT機器

4 事業を行うために必要な「情報的資源」を，例を参考にして書き出そう。

例
・スポーツ用品のメンテナンス技術
・スポーツ用品の最新の情報
・地域の学校やスポーツクラブの情報
・ネット販売の知識と技術

■解答のポイント
①□事業について書かれているか。
②□人的資源について書かれているか。
□人的資源と情報的資源が混乱されていないか。
③□物的資源について書かれているか。
④□情報的資源について書かれているか。

■重要用語の確認 3 p.67

(1)経営資源 (2)財務諸表 (3)資本利益率
(4)流動比率 (5)自己資本比率 (6)正規雇用
(7)非正規雇用
(8)OJT（オン・ザ・ジョブ・トレーニング）
(9)Off-JT（オフ・ザ・ジョブ・トレーニング）
(10)社内公募制度 (11)変形労働時間制
(12)事業場外みなし制 (13)労働災害（労災） (14)不良率
(15)ボトルネック
(16)インダストリアル・エンジニアリング(IE)
(17)サプライ・チェーン・マネジメント(SCM)
(18)知識集約型産業 (19)IoT (20)暗黙知
(21)産業財産権 (22)クローズ戦略 (23)オープン戦略
(24)オープン・イノベーション

4章 ビジネスの変革
1節 ビジネスの拡大

●要点整理 p.68

①市場 ②顧客 ③長期的 ④ターゲット ⑤拡大
⑥成長マトリクス ⑦市場浸透 ⑧新商品開発
⑨新市場開拓 ⑩多角化 ⑪既存 ⑫既存

⑬潜在顧客　⑭利用頻度　⑮試供品
⑯ポイントカード　⑰新たな　⑱既存　⑲役割
⑳特性　㉑定期的　㉒商品開発力　㉓新たな
㉔既存　㉕改良　㉖地理的範囲　㉗顧客層
㉘潜在的　㉙マーケティング力　㉚新しい　㉛国
㉜地域（㉛㉜順不同）　㉝異なる　㉞訴求　㉟属性
㊱同時　㊲新たな　㊳新たな　㊴関連型多角化
㊵非関連型多角化　㊶経営資源
㊷コア・コンピタンス　㊸異なる　㊹関連性
㊺事業活動　㊻事業領域　㊼新たな
㊽コングロマリット　㊾自律的

▶Step問題 p.71

1 (1)イ　(2)オ　(3)ウ　(4)ア　(5)エ
2 (1)ア　(2)オ　(3)イ　(4)ウ　(5)エ
3 例企業に蓄積された経営資源やコア・コンピタンスを活用して，これまでの商品や市場とは全く異なる分野に進出する多角化のこと。

■解答のポイント
□指定された用語「経営資源」「コア・コンピタンス」を用いたか。
□これまでの商品や市場とは関連性がないことを書くことができたか。

4章 ビジネスの変革
2節 多角化の動機

●要点整理 p.72

①既存　②失敗　③成熟期　④衰退期　⑤成長分野
⑥陳腐化　⑦競争力　⑧低迷　⑨企業の存続
⑩依存　⑪新たな事業　⑫小さく　⑬大きく

▶Step問題 p.72

1 (1)高い　(2)衰退期　(3)成長期　(4)○　(5)○

4章 ビジネスの変革
3節 多角化企業のマネジメント

●要点整理 p.73

①事業ポートフォリオ　②多角化企業　③選択
④集中　⑤選択と集中　⑥市場の成長性　⑦停滞
⑧参入　⑨予測　⑩競争力　⑪利益　⑫経営資源
⑬活用　⑭シナジー効果　⑮波及効果
⑯効果　⑰判断材料
⑱PPM（プロダクト・ポートフォリオ・マネジメント）
⑲事業の選択　⑳資源の配分　㉑市場成長率
㉒相対市場シェア　㉓優位　㉔花形　㉕問題児
㉖金のなる木　㉗負け犬　㉘需要　㉙資金
㉚累積生産量　㉛生産コスト　㉜時間　㉝低下
㉞成熟　㉟小さい　㊱少ない　㊲多額　㊳資金需要
㊴ほかの事業　㊵高い　㊶高く　㊷高い　㊸拮抗
㊹賄う　㊺拡大　㊻継続　㊼低く　㊽大きく
㊾高い　㊿大きい　51リーダー　52主力
53ほかの事業　54低く　55衰退期　56小さい
57高める　58低い　59正当化　60残存者利益
61撤退　62基本論理　63手放し　64投資
65経営資源　66キャッシュ　67選択基準
68長期的　69問題児　70赤字　71負け犬
72継続　73外部　74投資　75縮小均衡

▶Step問題 p.77

1 (1)○　(2)市場成長率　(3)累積生産量
(4)キャッシュ　(5)残存者利益
2 (1)エ　(2)イ　(3)ウ　(4)ア
3 例PPMではキャッシュのみに注目しているので，事業間の関連性が考慮できないことと，キャッシュは内部調達が前提なので，手持ちのキャッシュを超える大胆な投資が検討されず，縮小均衡に陥る可能性があること。

■解答のポイント
□指定された用語「キャッシュ」を用いたか。
□事業間の関連性と大胆な投資に関連する内容を書くことができたか。

4章 ビジネスの変革
4節 事業の転換

●要点整理 p.78

①新陳代謝　②新規事業　③投資　④将来　⑤選別
⑥清算　⑦売却　⑧統合　⑨MBO　⑩雇用
⑪配置転換　⑫解雇　⑬モラール　⑭責任問題
⑮低迷　⑯過去　⑰反対　⑱存続　⑲社会的信用
⑳取引先　㉑信用　㉒赤字　㉓企業内部
㉔企業外部　㉕知見　㉖事業環境の変化　㉗保有
㉘リスク　㉙時間　㉚開発費用　㉛投資　㉜他企業
㉝合併　㉞買収　㉟二　㊱経営権　㊲地位　㊳将来
㊴実施　㊵過大　㊶見返り　㊷コミットメント
㊸協力関係　㊹アライアンス　㊺資本提携　㊻短所
㊼長所　㊽リスク　㊾知識　㊿ノウハウ　51独立性
52協働　53方針　54支配関係　55解消　56撤退
57整理　58企業能力　59投資　60他社　61進出
62競争　63利益

▶Step問題 p.81

1 (1)MBO　(2)清算　(3)買収　(4)○　(5)資本提携

❷ (1)**エ** (2)**ウ** (3)**オ** (4)**ア** (5)**イ**

❸ **例**

［企業能力のジレンマ］

企業能力が足りず，これまで事業転換ができずに窮地に追い込まれているのに，どのようにして事業転換を成功させるのかというジレンマ。

［市場魅力度のジレンマ］

多くの企業が魅力的と考える事業に進出するほど，競争が激しくなると予想され，利益を上げることが難しくなるというジレンマ。

■解答のポイント

□［企業能力のジレンマ］
企業能力が足りずに窮地に追い込まれている点と，事業転換を成功させるには企業能力が必要だという点，この相反する内容が書かれているか。

□［市場魅力度のジレンマ］
利益を上げたいから魅力的な市場に参入したいという点，魅力的な市場は競争が激しく利益が上げにくいという点，この相反する内容が書かれているか。

◆探究問題 4 p.82

〔解答例〕

❶ 多角化している企業や店を調べて，書き出そう。

ソニー　富士フイルム

❷ ①であげた企業や店は関連型多角化か非関連型多角化か分類して，その理由を書いてみよう。

関連型多角化を行った企業と分類した理由
富士フイルム…デジタルカメラに使うカメラを医療機器に利用しているから。
非関連型多角化を行った企業と分類した理由
ソニー…電化製品の製造が主力事業だったが，銀行や保険，映像や音楽など主力事業に関連していない事業も行っているから。

❸ ここまで調べた内容をもとに，関連型多角化を行うと成功しそうな企業や店と，進出分野を理由とともに書き出そう。

企業・店の名前　パナソニック
進出分野　電気自動車
理由　電池の技術があるから

■解答のポイント

①□具体的な企業名や店の名前を書き出すことができたか。

②□具体的な企業や店を調べることができたか。

③□理由は，企業が蓄積する経営資源やコア・コンピタンスを活かしたものになっているか。

■重要用語の確認 4 p.83

(1)成長マトリクス (2)市場浸透 (3)新商品開発 (4)新市場開拓 (5)多角化 (6)関連型多角化 (7)非関連型多角化 (8)事業ポートフォリオ (9)PPM（プロダクト・ポートフォリオ・マネジメント） (10)市場成長率 (11)相対市場シェア (12)清算 (13)MBO (14)内部開発 (15)M&A (16)撤退障壁 (17)提携

5章 ビジネスと社会
1節 社会における企業

●要点整理 p.84

①ステークホルダー(利害関係者) ②支援 ③開発 ④製造 ⑤販売 ⑥経営者 ⑦従業員 ⑧消費者 ⑨行政機関 ⑩地域社会 ⑪インフラ ⑫商品 ⑬関係 ⑭責任 ⑮牽制

▶Step問題 p.84

❶ 株主，債権者，従業員，消費者，行政機関，地域社会など

■解答のポイント

□企業にとって，直接的または間接的な利害関係者をあげることができたか。

5章 ビジネスと社会
2節 企業への支援

●要点整理 p.85

①出資 ②株主 ③出資者(②③順不同) ④キャピタルゲイン ⑤インカムゲイン ⑥分配 ⑦返還 ⑧換金 ⑨自己資本 ⑩出資比率 ⑪議決権 ⑫買い占め ⑬融資 ⑭起債 ⑮投資家 ⑯債権 ⑰債務 ⑱他人資本 ⑲満期 ⑳元本 ㉑回収 ㉒貸し倒れ ㉓経営 ㉔雇用契約 ㉕労働サービス ㉖賃金 ㉗労働力 ㉘所属 ㉙社会的課題 ㉚価値 ㉛存在意義 ㉜存続 ㉝消費 ㉞インフラ ㉟運営 ㊱雇用 ㊲理解 ㊳要望 ㊴不適切 ㊵信頼 ㊶公害 ㊷課題 ㊸環境

▶Step問題 p.87

❶ (1)融資 (2)雇用契約 (3)○

(4)キャピタルゲイン　(5)有限責任

2 例

[終身雇用]

正規雇用されれば，定年まで雇用される慣行。

[年功序列]

年齢に比例して賃金や地位が上昇するという慣行。

[企業別労働組合]

労働組合が企業別に組織される慣行。

■解答のポイント

□指定された用語「定年」「年齢」「企業別」を用いたか。

□正しい説明がなされているか。

3 例債権者から，経営に介入されることがない。また，企業の利益にかかわらず，事前に決められた額の利息と，元本を返済すればよいという点が長所である。

■解答のポイント

□指定された用語「経営」「利息」とい語を用いたか。

□経営に介入されない点と企業の収益にかかわらず，事前に決めた返済額が変化しない点の2点が書かれているか。

5章 ビジネスと社会
3節 企業の責任

要点整理 p.88

①支援　②キャピタルゲイン　③インカムゲイン　④還元　⑤利息　⑥元本　⑦融資先　⑧労働力　⑨賃金　⑩生計　⑪経済的　⑫道徳的　⑬労働条件　⑭道徳　⑮環境　⑯ハラスメント　⑰ワークライフバランス　⑱ダイバーシティ　⑲資金　⑳配当　㉑元本　㉒利息(㉑㉒順不同)　㉓安全性　㉔生命　㉕製造物責任法(PL法)　㉖情報の非対称性　㉗品質偽装　㉘情報隠蔽　㉙不当表示　㉚税金　㉛国税　㉜地方税　㉝法人税　㉞黒字　㉟住民税　㊱公共サービス　㊲事業税　㊳固定資産税　㊴消費税　㊵地方消費税　㊶間接税　㊷印紙税　㊸不動産取得税　㊹企業市民　㊺コンプライアンス(法令遵守)　㊻企業倫理　㊼企業の社会的責任(CSR)　㊽リスク・マネジメント　㊾リスク

Step問題 p.90

1 (1)B　(2)A　(3)B　(4)B　(5)A

2 (1)**ウ**　(2)**エ**　(3)**ア**　(4)**オ**　(5)**イ**

3 (1)○　(2)ジェンダー・ハラスメント　(3)ダイバーシティ　(4)不当表示　(5)企業の社会的責任(CSR)

4 近年では，説明責任と訳され，企業を含むさまざまな団体は，自らの活動やその活動が社会に与える影響を，直接的な利害関係者だけでなく，間接的な利害関係者にも報告する必要があるという考え方。

■解答のポイント

□指定された「利害関係者」という語を用いていたか。

□直接かかわりがない間接的な利害関係者に報告する必要があるという内容が書かれているか。

5章 ビジネスと社会
4節 企業への牽制

要点整理 p.92

①ステークホルダー(利害関係者)　②コーポレート・ガバナンス　③直接的牽制　④間接的牽制　⑤経営　⑥定款　⑦取締役　⑧取締役会　⑨経営者　⑩監督　⑪独立性　⑫ジレンマ　⑬収集　⑭分析　⑮内部情報　⑯監視　⑰内部通報制度　⑱是正　⑲内部通報　⑳内部告発　㉑不買　㉒SNS　㉓評判　㉔イメージ(㉓㉔順不同)　㉕コミュニケーション・チャネル　㉖チャネル　㉗商品開発　㉘顧客満足　㉙行政処分　㉚行政指導　㉛強制力　㉜行動規範

Step問題 p.93

1 (1)直接的　(2)経営者　(3)内部告発　(4)行政指導　(5)○

探究問題 5 p.94

解答例

1 SDGsに取り組んでいる企業や団体を調べ，あなたが興味を持った活動を行っている企業の「貢献できる目標」と「活動内容」を書き出そう。

解答例
企業名　UCC
貢献できる目標
1．貧困をなくそう　8．働きがいも経済成長も　15.陸の豊かさも守ろう
17．パートナーシップで目標を達成しよう
活動内容
エチオピアの森林保護のために，おいしいコーヒーをつくるための農業指導を行った。

2 企業がSDGsに取り組むメリットを考えよう。

・企業のイメージが向上する
・新規市場開拓・事業機会創出の可能性

3 SDGsの目標とターゲットのなかで，あなたが学校や地域社会で取り組めるものを考え，貢献できる目標」と「活動内容」をまとめよう。

[貢献できる目標]14．海の豊かさを守ろう
[活動内容] 生徒会で生徒に呼びかけて，川の掃除を行う。

■解答のポイント

①□企業団体名，貢献できる目標，活動内容を書き出すことができたか。
②□企業のメリットを地域社会からの要望に応えるという点と，新たな市場が生まれるので，新たなビジネスチャンスになりうるという点を書かれているか。
③□企業団体名，貢献できる目標，活動内容を考えることができたか。

■重要用語の確認 5 p.95

(1)ステークホルダー(利害関係者)　(2)インフラ
(3)牽制　(4)キャピタルゲイン　(5)インカムゲイン
(6)融資　(7)起債　(8)終身雇用　(9)年功序列
(10)アカウンタビリティ　(11)ワークライフバランス
(12)ダイバーシティ　(13)製造物責任法(PL法)
(14)不当表示　(15)法人税
(16)コンプライアンス(法令遵守)
(17)企業の社会的責任(CSR)
(18)リスク・マネジメント
(19)コーポレート・ガバナンス　(20)内部告発

2 企業の外部環境と内部環境の評価

教科書 p.31～34

Check!

1）SWOT分析

（⑱　　　　　　）とはビジネスの存続に影響を与えるさまざまな要因を，ビジネスを取り巻く（⑲　　　　　　）とビジネスの（⑳　　　　　　）の両方から整理する分析方法である。競合他社と比較して優っている点が（㉑　　　　　　）(Strength)であり，劣っている点が（㉒　　　　　　）(Weakness)である。また，(⑲)において，ビジネスに望ましい影響を与える要因が（㉓　　　　　　）(Opportunity)，望ましくない影響を与える要因が（㉔　　　　　　）(Threat)である。これらを明確化するのが(⑱)である。

この分析に基づき，企業の具体的な（㉕　　　　　　）を決定する必要がある。

2）PEST分析

外部環境の影響だけに注目する分析方法が（㉖　　　　　　）である。

(㉖)では（㉗　　　　　　）(Politics)，（㉘　　　　　　）(Economy)，（㉙　　　　　　）(Society)，（㉚　　　　　　）(Technology)から，ビジネスの存続可能性と成長可能性に影響を与える（㉛　　　　　　）を特定する。(㉛)とは，短期的に影響はないが，長期的にはビジネスの存続可能性や成長可能性に影響を与える企業の外部環境にある要因である。

3）ファイブ・フォーシズ分析

外部環境から存続可能性や成長可能性を評価する際に，対象である市場で上げることができるかもしれない利益の大きさである（㉜　　　　　　）に注目する分析方法が（㉝　　　　　　）である。

(㉜)は既存市場における（㉞　　　　　　），（㉟　　　　　　）の脅威，（㊱　　　　　　）と（㊲　　　　　　）の交渉力，（㊳　　　　　　）の可能性という五つの要因に影響を受ける。

4）VRIO分析

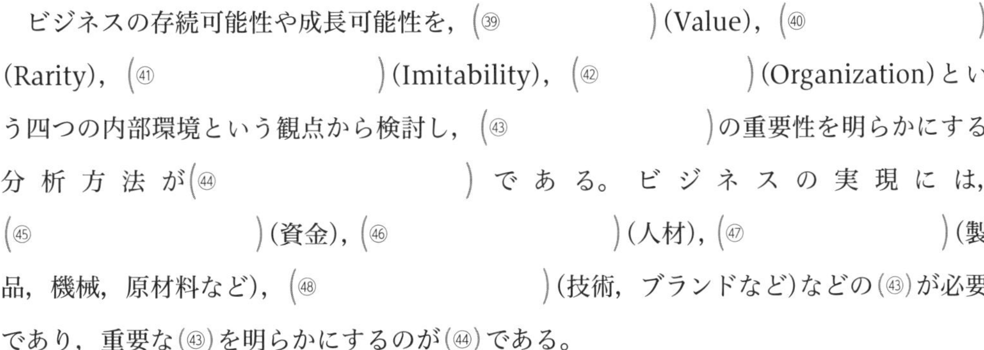

ビジネスの存続可能性や成長可能性を，（㊴　　　　　　）(Value)，（㊵　　　　　　）(Rarity)，（㊶　　　　　　）(Imitability)，（㊷　　　　　　）(Organization)という四つの内部環境という観点から検討し，（㊸　　　　　　）の重要性を明らかにする分析方法が（㊹　　　　　　）である。ビジネスの実現には，（㊺　　　　　　）(資金)，（㊻　　　　　　）(人材)，（㊼　　　　　　）(製品，機械，原材料など)，（㊽　　　　　　）(技術，ブランドなど)などの(㊸)が必要であり，重要な(㊸)を明らかにするのが(㊹)である。

最も重要な経営資源は，顧客から高く評価され，競合企業と比較して独自性が高く，他社が容易に模倣できない製品やサービスを提供することができる能力である（㊾　　　　　　　　）と，環境の変化に応じて既存の中核能力を新たな中核能力へ変えていく能力である（㊿　　　　　　　　）に分けることができる。

3 事業創造に向けた戦略の立案

教科書 p.35~37

Check!

1)戦略とは何か

どこ(where)で，誰に(who)，いつ(when)，何を(what)，なぜ(why)，提供するかを決定する（(51)　　　　　　　　）が，事業創造には必要である。

(51)を決定するには（(52)　　　　　　　　）の把握と達成したい（(53)　　　　　　　　）を決定したうえで，(52)と達成するべき(53)との（(54)　　　　　　　　）(差異)を確認することが必要である。その(54)を埋めるのが（(55)　　　　　　　　）である。(55)が定まることで，(52)から(53)までの「最短経路」を導き出すことができる。

2)「最短経路」の検討

戦略における「最短経路」とは，より少ない経営資源で最大限の成果を生み出すような工夫が必要である。

その工夫の一つは，経営資源の（(56)　　　　　　　　）である。他社よりも少ない経営資源や他社よりも安価な経営資源を利用して，他社をしのぐ高品質や高機能を実現し，より高い価格でも顧客に買ってもらえるようにすることである。

それには，何を優先し，何を後回しにするかについて（(57)　　　　　　　　）を決める必要がある。また，必要なアクションの（(58)　　　　　　　　）を決定しなければならない。これらを考慮しないアクションは，戦略ではなく，達成したい目標の羅列になる。

3)戦略の立案と実行

事業創造を行うためには，戦略の立案が必要である。（(59)　　　　　　　　）(Plan)，（(60)　　　　　　　　）(Do)，（(61)　　　　　　　　）(Check)，（(62)　　　　　　　　）(Act)から構成する（(63)　　　　　　　　）という一連の改善活動のうち，計画の出発点となる活動が戦略の立案である。

これらの改善活動は密接に関連する。より良い戦略を実行するためには，これらの一連の改善活動をできるだけ早く行うことが重要である。

▶Step問題

正答数　　／38問

1 次の文章の（　　）にあてはまる語句を解答群から選び，記号で答えなさい。

他社より先に事業機会を発見できても，（　①　）の確立と維持ができなければ，（　②　）はできない。技術力に基づいた高い（　③　）を発揮し，他社が容易に追従できない，（　④　）が低く，（　⑤　）が高い商品を提供することで，一度確立された（①）が維持され，（②）が可能になるのである。

【解答群】 **ア**　希少性　　**イ**　競争優位　　**ウ**　変換能力　　**エ**　模倣可能性

オ　利益の専有

①		②		③		④		⑤	

2 (1)〜(5)に最も関係の深いものを解答群から選び，記号で答えなさい。

(1)　内部環境を四つの観点から検討し重要な経営資源を明らかにする。

(2)　外部環境の影響からマクロ環境要因を特定する。

(3)　利益ポテンシャルに注目し外部環境を評価する。

(4)　外部環境と内部環境の両方から整理する。

(5)　計画，実行，評価，改善をくり返す改善活動。

【解答群】 **ア**　SWOT分析　　**イ**　PEST分析　　**ウ**　PDCAサイクル

エ　VRIO分析　　**オ**　ファイブ・フォーシズ分析

(1)		(2)		(3)		(4)		(5)	

3 次のA〜Eは，家具製造販売を営むZ社を取り巻く外部環境と内部環境である。それぞれ，強み，弱み，機会，脅威のどこにあてはまるか分類し，記号で答えなさい。

A　人材不足により，インターネット販売に取り組んでいない。

B　リモートワークの定着により，自社の椅子の売上の拡大が見込める。

C　家具作りに関して，高い技術を持った職人が多く在籍している。

D　人口減少により，家具の需要が減少する可能性がある。

E　高品質で低価格な木材を仕入れることができる特別なルートがある。

強み			弱み		
機会			脅威		

4 **次のA～Eの外部環境要因を，PEST分析に基づいて政治的要因，経済的要因，社会的要因，技術的要因のどこにあてはまるか分類し，記号で答えなさい。**

A　長引く景気低迷のため，低金利政策が持続する。

B　人口減少により，高齢者向け市場の増大が見込める。

C　現在の政権が，長期安定政権になる見込みである。

D　代替技術の開発が見込めるため，低価格のサービスができる可能性が高い。

E　途上国の経済水準の上昇により，製品の需要の増加が見込める。

政治的要因			経済的要因		
社会的要因			技術的要因		

5 **次の⑴～⑸に最も関係の深いものを解答群から選び，記号で答えなさい。**

⑴　すでに市場が飽和状態にあり，新たな競合企業が登場する可能性は低い。

⑵　国産の材料にこだわっているが，生産者が少なく，仕入価格が下がらない。

⑶　健康志向の高まりから，より低糖質の製品が台頭する可能性がある。

⑷　主要な得意先である地元の食品スーパーからの値下げ圧力が強い。

⑸　市内には同業者が12社ある。

【解答群】　ア　対抗度　　イ　新規参入の脅威　　ウ　売り手の交渉力

エ　買い手の交渉力　　オ　代替品の可能性

⑴		⑵		⑶		⑷		⑸	

6 **次の各文の下線部が正しい場合は○を，誤っている場合は正しい語句を書きなさい。**

⑴　VRIO分析は，価値，希少性，模倣可能性，<u>個人</u>という観点から分析する手法である。

⑵　<u>物的資源</u>とは，製品や機械などのことである。

⑶　企業が保有し事業を支える技術やブランドは<u>情報的資源</u>といえる。

⑷　独自性が高く容易に模倣できない商品を提供できる能力を<u>マンパワー</u>という。

⑸　環境の変化に対応し，既存の中核能力を新たな中核能力に変化させる能力を<u>フレキシビリティ</u>という。

⑴		⑵		⑶	
⑷		⑸			

7 次の文章の(　　)にあてはまる語句を解答群から選び，記号で答えなさい。

企業が置かれている(　①　)を把握し，将来，達成したい(　②　)を明確にし，その間にあるギャップを確認することが必要である。そのギャップを埋めるのが(　③　)である。そのギャップを最短経路で埋めるために必要なアクションの(　④　)や実行順序を決定する。そして，経営資源の(　⑤　)を果たし，より高品質や高機能を実現するよう工夫することが重要である。

【解答群】 ア　節約　　イ　現状　　ウ　戦略　　エ　優先順位　　オ　経営目標

①		②		③		④		⑤	

8 競争優位を維持するために必要なことを，「変換能力」「希少性」「模倣可能性」の語を用いて50字程度で説明しなさい。

9 SWOT分析とは何か，「外部環境」「内部環境」「強み」「弱み」「機会」「脅威」の語を用いて60字程度で説明しなさい。

10 教科書p.36のコラムにあるA社の「戦略」が，戦略としてふさわしくない理由を，50字程度で説明しなさい。

5節 事業創造の計画と実行

教科書 p.38〜43

要点整理

正答数　／35問

教科書の内容についてまとめた次の文章の(　　)にあてはまる語句を書きなさい。

1 事業創造のプロセス

教科書 p.38

Check!

新たな企業が設立される場合，事業創造は(①　　　　　)または(②　　　　　)と呼ばれる。一方，既存企業における事業創造は，(③　　　　　　　　　)と呼ばれる。既存企業内で新しい事業を立ち上げる人を(④　　　　　　　)(イントラプレナー)という。事業創造は，①事業分野と課題の設定，②(⑤　　　　　　　　)の創出，③(⑥　　　　　　)の立案，④経営資源の調達と確保，⑤立案した計画の実行という五つの作業から成り立つ。起業をする際には，事業目的，商号，(⑦　　　　　　)を決め，(⑧　　　　　　)を行う必要がある。

2 事業計画書の立案

教科書 p.39

Check!

新たなビジネスを立ち上げるためにアイディアを洗練化し，(⑨　　　　　　)としてまとめる必要がある。これは提案書であり，これによって銀行や投資家などに対して事業創造に必要な経営資源の提供を求める。(⑨)は一般的には次の要素から構成される。

①(⑩　　　　　　)	事業者の略歴や過去の経験
②事業のビジョン	ビジョンや経営理念
③事業の概要	製品やサービスの内容，市場規模，想定顧客，
④(⑪　　　　　　)	どのような製品やサービスでどのように稼ぐかという(⑫　　　　　　　　)を踏まえた戦略
⑤(⑬　　　　　　　　)	売上，収支，損益分岐点などの予想と計画
⑥(⑭　　　　　　)と資金計画	資金の調達額，調達先，調達方法の計画

Feature　ビジネス・モデル

教科書 p.40〜43

Check!

ビジネスの創造においては，ビジネス・モデルが重要である。

①(⑮　　　　　　　)

(⑮)とは，自社が開発・製造した製品やサービスの(⑯　　　　　　　)で顧客から対価を受け取って収益を生み出すビジネス・モデルである。

②(⑰　　　　　　　　　　)

(⑰)とは，製品を仕入れて売ることで収益を生み出すビジネス・モデルである。

販売する製品の差別化はできないため，(⑱　　　　　　　　)や納期，その他の(⑲　　　　　　　　　　　)によって，他社との違いを訴求する。

③(⑳　　　　　　　　)

(⑳)とは，製品の本体を販売したあとに，付随の(㉑　　　　　　)を販売することで収益を生み出すビジネス・モデルである。本体の価格を下げることと，他社製の(㉑)の利用をどの程度排除できるかが収益性に影響を与える。

④(㉒　　　　　　　　　)

(㉒)とは，顧客による一括の支払いではなく，顧客への継続的な(㉓　　　　　　)を通じて収益を生み出すビジネス・モデルである。(㉔　　　　　　　　　　　)とも呼ばれる。製品やサービスを使い始める際の障壁を取り除くこと，長期的な利用による便益を訴求すること，解約した場合の(㉕　　　　　　　　　)を設定できるかが収益性に影響を与える。当初無料でサービスを提供し，あとから有料のサービスに顧客を誘導する(㉖　　　　　　　　)もこのビジネス・モデルの一例である。

⑤(㉗　　　　　　　　　　)

(㉗)とは，書籍やソフトウェアなどのオリジナルの(㉘　　　　　　)や絵画，デザイン，キャラクターなどの(㉙　　　　　　)を引用，複製，転載する(㉚　　　　　　　)の権利を他社に許諾することや，反対に他社から許諾を受けることにより収益を生み出すビジネス・モデルである。権利を持つ組織と，権利の(㉚)を希望する組織が補完的な関係にあるかどうかが収益性に影響を与える。

⑥(㉛　　　　　　　　)

(㉛)とは，場所，新聞，雑誌，ラジオ，テレビ，フリーペーパー，Webサイト，アプリなど，さまざまな媒体の広告枠を顧客に提供し，その対価として(㉜　　　　　　　)を受け取ることで収益を生み出すビジネス・モデルである。

⑦(㉝　　　　　　　　　　)

プラットフォームとは土台や場という意味である。(㉝)とは，製品やサービスの交換，ニーズのマッチングを実現する場を提供し，参加者への課金により収益を生み出すビジネス・モデルである。(㉞　　　　　　　)サービスや(㉟　　　　　　　　　　　)サービス，人材紹介サービスなどがあてはまる。このビジネス・モデルは参加者数と参加のしやすさの確保が重要である。参加する障壁の低減と，継続して利用する便益の訴求が収益に影響を与える。

▶Step問題

正答数　　　／23問

1 次の各文の下線部が正しい場合は○を，誤っている場合は正しい語句を書きなさい。

(1) 新しい企業を設立する場合の事業創造を<u>始業</u>または起業という。

(2) 既存企業で新規事業の立ち上げを行う人を<u>イントラプレナー</u>と呼ぶ。

(3) 社名は，正式には<u>屋号</u>といい，会社設立には必ず必要である。

(4) <u>社内規則</u>とは，会社の目的，活動，構成や業務執行に関する基本規約・規則である。

(5) 起業のため，企業の基本的な情報を法務局に届け出る一連の作業を<u>設立登記</u>という。

(1)		(2)		(3)	
(4)		(5)			

2 次の(1)〜(5)に最も関係の深いものを解答群から選び，記号で答えなさい。

(1) 事業創造の根拠となる経営理念

(2) 事業を始める個人の学歴と職歴

(3) 新規事業のビジネス・モデル

(4) 製品やサービスの特徴やターゲット顧客

(5) 損益分岐点予想

【解答群】 **ア** 事業者経歴　**イ** 事業のビジョン　**ウ** 事業の概要
エ 事業戦略　**オ** 売上・収支予想

(1)		(2)		(3)		(4)		(5)	

3 次の(1)〜(5)に最も関係の深いものを解答群から選び，記号で答えなさい。

(1) カミソリの本体と替え刃

(2) ラッピングバスや電車の中吊り

(3) 毎月定額のスマートフォン使用料

(4) インターネット上のショッピングモール

(5) Jリーグチームのマークが入ったグッズ

【解答群】
ア 消耗品モデル
イ 継続課金モデル
ウ ライセンスモデル
エ 広告モデル
オ プラットフォームモデル

(1)		(2)		(3)		(4)		(5)	

4 次の各文の下線部が正しい場合は○を，誤っている場合は正しい語句を書きなさい。

(1) ポイントの付与率を高めたことが経済的ペナルティになり収益が伸びた。

(2) 継続課金モデルは，ダイナミック・プライシングともいわれる。

(3) 基本利用料無料でアプリ内課金有りのようなサービスをプレミアムという。

(4) 動画共有サービスの主な収益源は広告料である。

(5) アルバイトを探すスマホアプリはプラットフォームモデルの例である。

(1)		(2)		(3)	
(4)		(5)			

5 次の教科書の図が表すビジネス・モデルがどのようなものか説明しなさい。

(1)

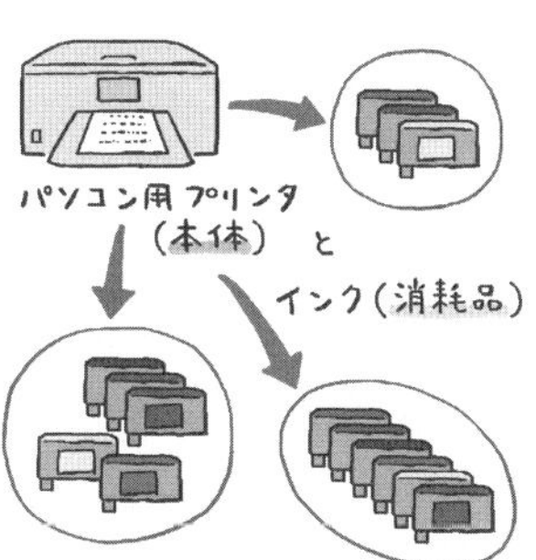

(2)

(3)

◆探究問題 1

参照：1 ビジネスの創造と社会

1 あなたの身近な地域の社会的課題について書き出そう。

2 あなたの身近な地域の社会的課題の解決のため，企業や自治体が行っている課題解決のための取り組みを書き出そう。

3 企業や自治体が行っている課題解決の取り組みの中で，経済的な利益を生み出している取り組みがあれば，そのビジネス・モデルについて考えよう。

4 企業や自治体が行う課題解決のための取り組みの中で，経済的な利益を生み出していない取り組みを書き出し，改善するためのアイディアについて考えよう。

■ 重要用語の確認 1

正答数 1回目 ／23問 2回目 ／23問

次の(1)〜(23)にあてはまる用語を書きなさい。

1回目
2回目

- □□(1) 他者との協働を通じて組織の目標を達成すること。（ ）
- □□(2) 新たに事業を興す人，企業を立ち上げる人。（ ）
- □□(3) 経済成長の原動力となるさまざまな革新。（ ）
- □□(4) 企業家活動の障壁になる，事前に何が起こるかわからない状態・概念。（ ）
- □□(5) 認知能力に限界があるため，限られた合理性しか持つことができない状態。（ ）
- □□(6) 現状を維持し，変化を避けようとする傾向。（ ）
- □□(7) 企業家が発信する基本的な方針や価値観。（ ）
- □□(8) イメージやデザイン，メッセージによって企業の独自性を訴求する活動。（ ）
- □□(9) 自社が事業を行う市場で顧客が存在する可能性。（ ）
- □□(10) すでに自社と取引している顧客。（ ）
- □□(11) すでに存在しているが，自社の製品やサービスを知らない顧客。（ ）
- □□(12) まだ社会に存在していない，将来自社の製品やサービスを必要とする顧客。（ ）
- □□(13) 自社の製品やサービスを必要とする顧客。（ ）
- □□(14) 市場を複数の顧客集団に類型化し，細分化すること。（ ）
- □□(15) 競合企業よりも優れていて有利な状況。（ ）
- □□(16) インプットをアウトプットに変える能力。（ ）
- □□(17) 競合企業が類似の製品やサービスを提供する可能性。（ ）
- □□(18) 競合企業の類似品を製品化し，追従を目指す戦略。（ ）
- □□(19) 容易に模倣できない，他社とは異なる製品やサービスを提供する戦略。（ ）
- □□(20) 独自性が高く，他社が容易に模倣できない製品やサービスを提供する能力。（ ）
- □□(21) 環境の変化に応じて中核能力を変化させる能力。（ ）
- □□(22) 事業創造のため，事業の内容についてまとめた提案書。（ ）
- □□(23) どのように収益を生み出すのかという仕組み。（ ）

▲アプリはこちらから

アプリでほかの問題にもチャレンジしてみよう！

1節 組織のマネジメント

教科書 p.50~51

要点整理

正答数 ／19問

教科書の内容についてまとめた次の文章の(　　)にあてはまる語句を書きなさい。

事業が拡大すると従業員を(①　　　　)し組織をつくる必要がある。組織に集まる人々は，事業の(②　　　　)は共有するが，(③　　　　)や(④　　　　)は必ずしも同じではない。異なる(⑤　　　　)や(③)を持つ人々を束ね(⑥　　　　)を得ることは，組織の(⑦　　　　)における重要な課題である。

経営者や管理者は，将来起こる可能性がある問題を(⑧　　　　)し，それに対応する(⑨　　　　)を立てる必要がある。また，経営者や管理者は(⑩　　　　)も行わなければならない。(⑩)とは，人々の(⑪　　　　)をつくり，(⑫　　　　)をそれぞれの個人や部門に割り振ることである。さらに，経営者や管理者は，日々の具体的な(⑫)を部下に(⑬　　　　)し，(⑫)が全体として適切に行われるように(⑭　　　　)し，その活動を(⑮　　　　)，(⑯　　　　)，(⑰　　　　)する必要がある。いくら優れた(⑱　　　　)を策定したとしても，それを実現するために，組織をつくり，部下に(⑬)し(⑮)するという業務が適切に行われなければ，(⑲　　　　)は上がらない。これが組織の(⑦)を学ぶ意義である。

▶Step 問題

正答数 ／5問

1 次の(1)~(5)の経営者，管理者が行うべき管理活動について，最も関係の深いものを解答群から選び，記号で答えなさい。

(1) マーケティング部と打ち合わせして，その内容をプレゼン資料に反映させよう。

(2) 営業部は販売促進活動の継続，マーケティング部は売上減少要因の分析をして下さい。

(3) 今後，多機能製品の需要が高まるから，商品のラインナップを充実させましょう。

(4) ヒアリングの内容とプレゼン資料にズレがあるから，修正してください。

(5) 来月のA社へのプレゼン資料を作成してください。

【解答群】 ア 予測と計画　イ 組織化　ウ 命令　エ 調整　オ 統制

(1)		(2)		(3)		(4)		(5)	

2節 分業と調整

教科書 p.52～56

要点整理

正答数　　／32問

教科書の内容についてまとめた次の文章の(　　)にあてはまる語句を書きなさい。

組織において経営者が行うべき業務で，最も基本的なものは分業と調整である。分業は「(①　　　　　　)」に含まれ，調整は「(②　　　　　　)」と「(③　　　　　　)」に相当する。分業とは，組織成員に必要なタスクを振り分けることである。調整とは，タスクの遂行が円滑に進むように，各組織成員がとるべき(④　　　　　　)を事前に決めたり，組織成員どうしで(⑤　　　　　　)が生じたときに管理者が(⑥　　　　　　)したりすることである。

1 分業

教科書 p.52～53

Check!

1)専門化

完全な(⑦　　　　　　)の経済でない限り，私たちの社会では分業が行われている。社会や組織を構成する一人ひとりが割り振られたタスクに(⑧　　　　　　)することで，高い(⑨　　　　　　)が実現される。ただし，その一方で，行き過ぎた分業はタスクの(⑩　　　　　　)をもたらし，組織成員の意欲を低下させることがあるため，どの程度分業を進めるかは(⑪　　　　　　)にとって重要な課題である。

2)水平的分業と垂直的分業

生産現場の作業員の間で見られるような，立場が(⑫　　　　　　)者どうしで行われる分業を(⑬　　　　　　)という。上司と部下のように，一方が指示し，もう一方が指示を受ける(⑭　　　　　　)の権限関係をつくることを(⑮　　　　　　)という。

2 調整

教科書 p.54～56

Check!

タスクを調整する方法は，事前の調整と事後の調整に分けることができる。

1)事前の調整と事後の調整

(⑯　　　　　　)とは，タスクが実行される前に，問題が生じた場合の対応をあらかじめ決めることである。問題とその対応方法を合わせて(⑰　　　　　　)という。(⑱　　　　　　)とは，(⑰)で想定されていない(⑲　　　　　　)への対応方法である。(⑱)には，権限を持つ者が調整を行う(⑳　　　　　　)と，同じ階層における組織成員どうしが連携し調整する(㉑　　　　　　)に分けられる。

2)組織の階層制

(⑳)が運営方法として有効であるため，多くの組織は(㉒　　　　　　)から構成されている。それぞれの管理者は一定の(㉓　　　　　　)の部下を指揮し監督している。

管理者が指揮，監督することができる(㉓)を(㉔　　　　　　　　　)という。(㉔)が広い組織は，必要な管理者の(㉓)が少なくなり，階層制の高さは(㉕　　　　　　)なる。

管理者は，部下に(㉖　　　　　　)を出し，部下の成果を(㉗　　　　　　)する(㉘　　　　　　)を持つ。同時に，部門における成果に対する(㉙　　　　　　)も負う。この(㉚　　　　　　　　　　　)は，階層制を構築するうえで重要な原理である。

3)調整の使い分け

調整では(⑰)と(⑳)，(㉑)を適切に使い分けることが重要である。

1．例外事象の発生が(㉛　　　　　　)場合は，(⑰)でさまざまな問題に対応することができる。

2．例外事象の発生が(㉜　　　　　　)場合は，(⑰)が業務上起こるすべてのことを網羅できないため，(⑳)や(㉑)が必要になる。

▶Step問題

正答数　　　／17問

1　次の各文の下線部が正しい場合は○を，誤っている場合は正しい語句を書きなさい。

(1)　<u>事前の調整</u>とは，行動プログラムで想定されていない例外事象への対応方法である。

(2)　組織成員に必要なタスクを振り分けることを<u>調整</u>という。

(3)　<u>組織化</u>は，一般的には，生産に投入したインプットとアウトプットの比(アウトプット÷インプット)で表される。

(4)　<u>専門化</u>とは，一人ひとり割り振られたタスクに，専門特化していくことである。

(5)　統制の範囲が広い組織は，必要な管理者の人数が<u>多く</u>なる。

(1)		(2)		(3)	
(4)		(5)			

2　次の(1)～(5)のうち，最も関係の深いものを解答群から選び，記号で答えなさい。

(1)　野球チームにおける監督，コーチ，選手という関係。

(2)　サッカーの試合でけがによる選手交代した時の，フィールド上の選手どうしの対応。

(3)　野球チームにおける，打撃コーチ，投手コーチ，守備コーチという関係。

(4)　サッカーの試合でけがによる選手交代した時の，監督が出すフォーメーションの変更。

(5)　タスクが実行される前に，生じた何らかの問題とその対応方法。

【解答群】 ア　行動プログラム　　イ　水平的分業　　ウ　垂直的分業
エ　垂直的調整　　オ　水平的調整

(1)		(2)		(3)		(4)		(5)	

3 次の(1)〜(5)にあてはまる人数を書きなさい。

A

B

(1)Aの末端の組織成員　(2)Aの統制の範囲(最大)　(3)Bの統制の範囲(最大)
(4)Aの管理者　(5)Bの管理者

(1)	人	(2)	人	(3)	人	(4)	人	(5)	人

4 従業員にとって，行動プログラムを設定しておくメリットとデメリットを，「一定水準」と「例外事象」という語を用いて，それぞれ30字程度で説明しなさい。

メリット

デメリット

3節 組織の設計

教科書 p.57〜62

要点整理

正答数　／49問

教科書の内容についてまとめた次の文章の(　　)にあてはまる語句を書きなさい。

分業と調整を組み合わせることで，組織の(①　　　　　)を設計することができる。各部門に対してどのようにタスクを割り振り，また，垂直的な関係と水平的な関係をどのように構築するかによって，(②　　　　　)はさまざまである。

1 組織図の読み方

教科書 p.57

Check!

組織において，各部門がどのように編成され，どのような関係にあるかを示した図を(③　　　　　)という。(③)の中で「箱」として描かれているのは，同じタスクを行う人のまとまりである(④　　　　　)である。また，「箱」をつなぐ「線」は(⑤　　　　　)と呼ばれ，上から下に命令が伝達され，下から上には実際に行われたタスクなどの(⑥　　　　　)が報告される。

組織において主要な業務に関わり，経営者から続く指揮命令系統でつながれている部門と組織成員を(⑦　　　　　)という。一方，(⑦)の活動を支援する役割を担う部門と組織成員は(⑧　　　　　)という。

2 組織形態の種類

教科書 p.58

Check!

組織形態はこのような三つがある。

(⑨　　　　　)	経営者のすぐ下の部門が機能別に編成されている。機能別とは，製造や販売などの(⑩　　　　　)ごとに部門が分かれているということである。それぞれの機能部門のもとには，各事業の活動が配置されている。
(⑪　　　　　)	それぞれで(⑫　　　　　)である事業部のもとに製造や販売などの機能を持つ部門が配置される。
(⑬　　　　　)	(⑨)と(⑪)の混合系である。一人の部下に二人の上司が命令することもあるため，(⑭　　　　　)とも呼ばれる。(⑬)は，生産や販売などの機能部門に対して，事業統括する責任者が(⑮　　　　　)に調整する役割を担う。(⑯　　　　　)も(⑮)組織の一例である。

3 機能別組織

教科書 p.59

Check!

1）機能別組織の長所

機能別組織の長所は三つある。第一に，ある機能に（⑰　　　　）した部門をつくることで，（⑱　　　　）のメリットを得られる。第二に，各部門の中に異なる事業を担当する人がいることで，異なる事業間で（⑲　　　　）の共有が期待できる。第三に資材などを（⑳　　　　）することで，（㉑　　　　）を削減できる。

2）機能別組織の短所

それぞれの事業を担当する人が各機能部門に配置されることで，（㉒　　　　）の調整が行われにくくなることが短所である。また，機能別組織では，（㉓　　　　）が各部門間を調整する業務を担当するため，事業の数が（㉔　　　　）なると（㉓）の情報処理能力では対応しきれず，調整が不完全になることも短所である。

4 事業部制組織

教科書 p.60

Check!

1）事業部制組織の長所

事業部制組織では，事業部門における調整を（㉕　　　　）が行う。（㉕）が担当する事業内容は幅広くないため，（㉖　　　　）に調整業務を行うことができる。特に（㉗　　　　）が頻繁に発生し，迅速に対応する必要がある場合には，（㉕）が分権的に調整することの効果が大きい。また，事業部門の（㉘　　　　）が高いほど，利益の責任が明確になるため，事業部長が事業部を一つの企業のように（㉙　　　　）することになり，事業部長の業務が（㉓）の訓練の機会になる。

2）事業部制組織の短所

事業部制組織の短所は，職能に対する（⑱）が進みにくいことや，同じ職能に関する情報が（㉚　　　　）されにくいことがある。事業部門が（㉛　　　　）になる場合，各事業部が自己利益を追求するようになり，ほかの事業部門との（㉜　　　　）が行われづらくなる。

5 マトリックス組織

教科書 p.61

Check!

1）マトリックス組織の長所

マトリックス組織とは，（㉝　　　　）と（㉞　　　　）という二つの方向から管理する組織形態である。（㉟　　　　）と（㊱　　　　）を融合した組織にすることで，両者の長所を追求している。具体的には，部門長が異なる事業間で（⑲）の共有を促す効果などが期待できる。また，製品ごとの責任者が複数の機能にまたがる調整を担当することで（㊲　　　　）の声を迅速に製品の設計に反映させる対応が可能となる。

2)マトリックス組織の短所

(㊳　　　　　　　　　　)とも呼ばれるように，二人の上司がいるため，両者の命令の内容が対立して(㊴　　　　　)がどちらに従えば良いか混乱するという問題が生じる。組織においては(㊴)は一名の上司のみから命令を受けるべきである，という(㊵　　　　　　　　)に照らしても，マトリックス組織の運営は容易ではない。

6 プロジェクト組織

教科書 p.62

Check!

特定の目的のために，(㊶　　　　　)を設けて組織内から(㊷　　　　　)が招集されて編成される部門をプロジェクト組織という。プロジェクト組織は(㊸　　　　　)組織に含まれる。プロジェクト組織では，目的の遂行に必要な(㊷)を企業内の機能部門から招集し，(㊹　　　　　　　　　)の権限のもとに置く。(㊹)にどの程度強い権限を与えるかは場合によって異なる。必要な(㊺　　　　　　　　)が短く，機能間で迅速な調整が必要な場合には，(㊹)に強い権限を与えることで，高い成果を得ることが期待できる。目的の完了後，プロジェクト組織は(㊻　　　　　)し，所属していた従業員はもとの部門に戻る。プロジェクトを通じて得た(㊼　　　　　)や(㊽　　　　　)が従業員を通じて各部門に(㊾　　　　　)されることも，プロジェクト組織を運用する一つのメリットである。

▶Step問題

正答数　　／17問

1 次の(1)〜(5)のにあてはまる語句を解答群から選び，記号で答えなさい。

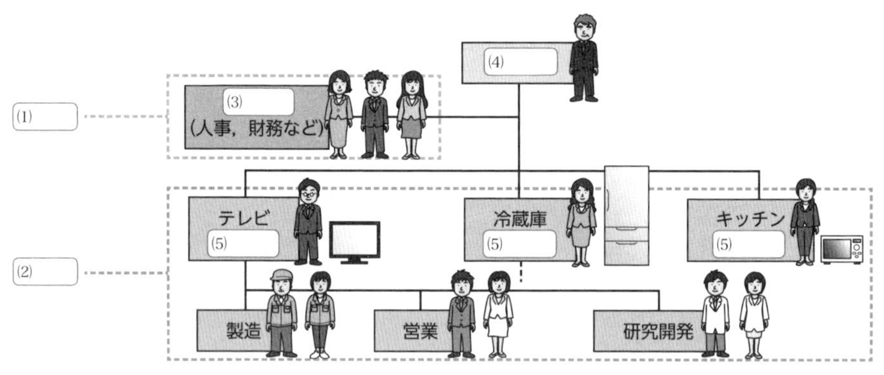

【解答群】 ア　事業部　　イ　スタッフ　　ウ　経営者　　エ　管理部門
オ　ライン

(1)		(2)		(3)		(4)		(5)	

2 次の各文の下線部が正しい場合は○を，誤っている場合は正しい語句を書きなさい。

(1) 機能別組織は，経営者のすぐ下の部門が製造や販売などの事業ごとに編成されている。

(2) 事業部制組織は，原価責任単位である事業部のもとに製造や販売などの機能を持つ部門が配置される。

(3) マトリックス組織は，ワンマン経営とも呼ばれるが，これは，一人の部下に対して，二人の上司が命令を与える体制のことである。

(4) カンパニー制組織とは，事業部制組織に類似した組織形態であるが，事業部制に比べて各カンパニーの意思決定権を強めたものである。

(5) プロジェクト組織は，事業部制組織の一例である。

(1)		(2)		(3)	
(4)		(5)			

3 次の(1)〜(5)のうち，条件にあてはまるものにはAを，それ以外にはBを書きなさい。

●条件　機能別組織の長所

(1) ある機能に特化した部門をつくることで，専門化のメリットを得られる。

(2) 必要な資材を一括購入することで，コストを削減することができる。

(3) 異なる事業間でノウハウを共有することができる。

(4) 担当者の業務が経営者の訓練の機会となる。

(5) 環境の変化が頻繁に発生し，迅速対応する必要がある場合も効率的に調整できる。

(1)		(2)		(3)		(4)		(5)	

4 マトリックス組織の長所について，「ノウハウ」「消費者」という語を用いて説明しなさい。また，短所について，「部下」という語を用いて説明しなさい。

長所

短所

4節 組織内部のマネジメント

教科書 p.63~70

要点整理

正答数 ／69問

教科書の内容についてまとめた次の文章の(　　)にあてはまる語句を書きなさい。

組織形態とは，組織の構造を決めるものである。一方，実際に組織内部で人々がどのように働き，(①　　　　　　)，(②　　　　　　)がそこで発生する問題に対してどのように対応するかを決めていくことを(③　　　　　　　　　　　　)という。

1 リーダーシップ

教科書 p.63~65

Check!

組織の大きさに関係なく，リーダーの役割は重要である。集団におけるリーダーの(④　　　　　　)や(⑤　　　　　　)をリーダーシップという。リーダーがどのような(④)を持ち，どのような(⑤)を取るかによって，組織の(⑥　　　　　　)は変わる。リーダーシップの基本的な(⑦　　　　　　)であるタスク志向と人間関係志向，組織の(⑧　　　　　　)を導く，変革型リーダーシップについてみていこう。

1)タスク志向と人間関係志向

タスク志向と人間関係志向のリーダーシップをまとめると下のようになる。

分類	内容	有効になる基準
タスク志向	(⑨　　　　　　)とそれを達成する(⑩　　　　　　)を決め，その実現のために部下を率いるリーダーシップである。	(⑪　　　　　　　　　　)が高い場合 理由…組織成員は(⑫　　　　　　)したことがない問題に直面するためタスクを明確にすることが重要になるため。
人間関係志向	上司と部下や部下どうしの関係を(⑬　　　　　　)なものにしようとするリーダーシップである。	(⑪)が低い場合 理由…タスクが(⑭　　　　　　　　)になり，(⑮　　　　　　　　)が低下しやすいので，部下に対する配慮が重要になるため。

タスク志向と，人間関係志向はどちらが重要というものではなく，できる限り(⑯　　　　　　)のリーダーシップを追求することで，組織の(⑥)を高めることができる。

2)組織の変化とリーダーシップ

組織が変化する際にリーダーが果たすべき役割には，次の三つが挙げられる。

1．環境の（⑰　　　　　　）や組織の（⑱　　　　　　）を的確に認識すること

2．明確で魅力的な将来の（⑲　　　　　　）を提示すること

3．具体的な（⑳　　　　　　）を策定しそれを完遂させること

組織の変化を効果的に実現させるリーダーシップを（㉑　　　　　　）という。その特徴は，次の四つである。

1．組織のメンバーからの（㉒　　　　　　）が厚い

2．タスクの（㉓　　　　　　）や将来の（⑲）を（㉔　　　　　　）することで部下の（⑮）を高めることができる

3．失敗を（㉕　　　　　　）して組織のメンバーの（㉖　　　　　　）を喚起する

4．組織のメンバーの状況を（㉗　　　　　　）になって考えることができる

組織の変化を実現するには，メンバーからの広い（㉘　　　　　　）と，メンバーの（㉙　　　　　　）な働きが必要になるため，リーダーにはこれらの能力が求められる。

Check!

2 モチベーション

教科書 p.66～69

部下のタスクに対する（㉚　　　　　　）を高めることは，リーダーが行うべき重要な仕事の一つである。ビジネスだけでなく，学業やスポーツにおいても，活動に対する（㉚）の高さが成果に大きな影響を与える。ある活動に対する（㉚）を喚起されている心理的な状態をモチベーション（動機付け）という。人間の活動を動機付ける要因には，次の三つがある。

1．（㉛　　　　　　）…人間が生存するために喚起される基礎的な欲求であり，飢えや渇きなどを解消することがその例である。

2．（㉜　　　　　　）…友人などとの関係を維持，改善したいという欲求や，周囲の人たちから評価されたいという欲求である。

3．（㉝　　　　　　）…理想とする自分になりたいという欲求であり，（㉞　　　　　　）ともいう。

人々を動機付ける（㉟　　　　　　）は多様であるため，リーダーが部下の（㉚）を高める方法にもさまざまな考え方がある。

1）内発的動機付けと外発的動機付け

モチベーションの基本的な分類には，内発的動機付けと外発的動機付けがある。内発的動機付けとは，タスクそれ自体に対する（㊱　　　　　　）から喚起されるモチベーションである。一方，外発的動機付けは，報酬や懲罰など（㊲　　　　　　）から与えられる外的な要因によって喚起されるモチベーションである。

タスク自体が（㊳　　　　　　）なものであれば，内発的動機付けを喚起するのは困難なので，成果に応じて（㊴　　　　　　）を支払うなどの方法で，外発的動機付けを高める必

要がある。反対にタスク自体が（㊵　　　　　　　　）ものであるならば，外発的動機付けを高める必要性は低い。

作業者がタスクに対する興味を持っている際に，外発的動機付けを（㊶　　　　　　　）施策を導入すると，（㊷　　　　　　　　　　　　　　　　　　　　　　）により，内発的動機付けを弱めることがある。

2)目標設定理論

（㊸　　　　　）に対して適切な目標を設定することも，リーダーがとるべき行動の一つである。目標を設定することで（㊸）のモチベーションを高めることができるという考え方を目標設定理論という。

適切な目標設定の条件には，次の二つを挙げることができる。

1．目標は（㊹　　　　　　）で（㊺　　　　　　）なものに設定する。「ベストを尽くせ」など曖昧なものは避けること

2．簡単すぎたり難しすぎたりするよりも，（㊻　　　　　　　　）な程度に困難な目標を設定するべきであること

また，目標を設定する際には，リーダーが（㊼　　　　　　　）に提示するよりも，部下とともに話し合い，その（㊽　　　　　　）を反映した目標を設定するほうが，部下は目標に対して（㊾　　　　　　）を持ち，（㊿　　　　　　）が高くなる傾向にある。

3)職務設計理論

内発的動機付けは，どのようにして喚起すればよいのだろうか。リーダーが部下の（51　　　　　　　　）を適切に（52　　　　　　）することでモチベーションを高めることができるという考え方を職務設計理論という。内発的動機付けを高めるために活用されている。

職務設計理論では，内発的動機付けが高まる要因として，次の五つを挙げることができる。

要因	要因の内容
（53　　　　　　　　）	タスクの遂行に求められる技能が多様であること
（54　　　　　　　　）	タスク全体の達成を把握できること
（55　　　　　　　　）	担当するタスクの重要性が高いこと
（56　　　　　　　　）	タスクに対する決定権があること
（57　　　　　　　　）	成果に対する評価が得られること

Check!

3 コンフリクトの解消

教科書 p.70

リーダーが解決するべき組織内の問題の一つとして，(⑱　　　　　)や(⑲　　　　　)のコンフリクトがある。コンフリクトとは，(⑳　　　　　)のことである。コンフリクトが発生すると，それぞれの部門の(㉑　　　　　)を追求する傾向が強まったり，(⑲)の(㉒　　　　　)が減退したりするため，発展的に解消していく必要がある。

コンフリクトを解消する際には，どの程度，自己の利益を主張し，どの程度，交渉相手に協力するかなどを考えなくてはならない。下表にあるように，(㉓　　　　　)と(㉔　　　　　)の程度によって，コンフリクトの解消方法を分類することができる。

解消方法	内容
(㉕　　　　　)	協力も主張もしない。問題を放置する。解決につながらない。
(㉖　　　　　)	協力するが主張しない。たがいの共通点を強調し，相違点には目をつぶる。
(㉗　　　　　)	やや協力しやや主張する。相違点でたがいに譲歩し，折り合いをつける。
(㉘　　　　　)	協力せず，主張する。たがいの立場をかたくなに主張し合い，勝ち負けをはっきりさせる。
(㉙　　　　　)	協力も主張もする。相違点を納得いくまで議論し合い，解決策を探す。

▶Step問題

正答数　　／29問

1 次の(1)〜(5)のうち，条件にあてはまるものにはAを，それ以外にはBを書きなさい。

●条件　変革型リーダーシップの特徴

(1) 組織のメンバーからの人望が厚い。

(2) 失敗を叱責して組織のメンバーの意欲を喚起する。

(3) 組織のメンバーの状況を親身になって考えることができる。

(4) 成功や失敗に応じて報酬や懲罰を与えることで，組織メンバーの能力を引き出す。

(5) 将来のビジョンを提示することで，組織メンバーのモチベーションを高める。

(1)		(2)		(3)		(4)		(5)	

2 次の各文の下線部が正しい場合は○を，誤っている場合は正しい語句を書きさい。

(1) 技術や需要の変化が大きく，今後起こることの予測が困難な状況のことを<u>環境の不確実性</u>という。

(2) リーダーに求められることを部下と分担することを<u>フォロワーシップ</u>という。

(3) 日々取り組む一定の内容の仕事を<u>インセンティブ</u>という。

(4) 作業者が複数の作業を行い，一人で完成品を組み立てることを<u>流れ作業</u>という。

(5) 管理者が部下の仕事に対する取り組みを監視する費用を<u>ランニングコスト</u>という。

(1)		(2)		(3)	
(4)		(5)			

3 次の(1)〜(5)に最も関係の深いものを解答群から選び，記号で答えなさい。

(1) タスクそれ自体に対する興味から喚起されるモチベーション。

(2) 報酬や懲罰など他者から与えられる要因によって喚起されるモチベーション。

(3) 周囲の人から評価されたい。

(4) 喉が渇いたので，水を飲みたい。

(5) 3×3のマスを書き，その中心のマスに目標を書き，それに関連した事柄を周辺に書いていく目標設定の手法。

【解答群】 **ア** 生存欲求　**イ** マンダラート　**ウ** 関係欲求　**エ** 外発的動機付け　**オ** 内発的動機付け

(1)		(2)		(3)		(4)		(5)	

4 次の(1)〜(5)に最も関係の深いものを解答群から選び，記号で答えなさい。

(1) いろいろ作業があって飽きないな。　(2) このタスクにはこういう意味があるのか。

(3) この部品を完成させないと仕事が進まないな。　(4) このやり方で進めよう。

(5) 顧客の声を聞くと励みになるな。

【解答群】 **ア** フィードバック　**イ** タスク重要性　**ウ** スキル多様性　**エ** タスク完結性　**オ** 自律性

(1)		(2)		(3)		(4)		(5)	

5 次の図は，コンフリクトの解消方法に対する自己主張性と協力性の関係を示したものである。(1)～(5)にあたる解消方法を解答群から選び，記号で答えなさい。

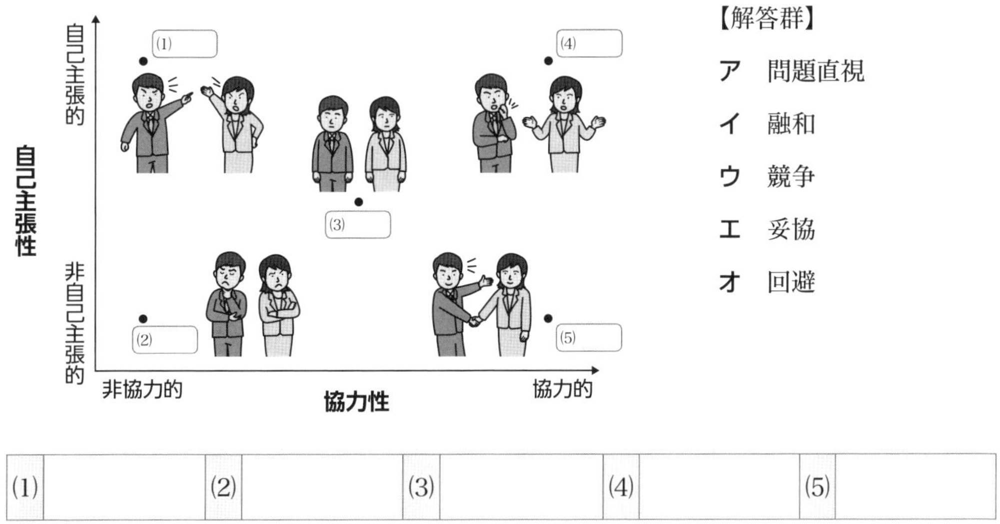

【解答群】

ア　問題直視

イ　融和

ウ　競争

エ　妥協

オ　回避

(1)		(2)		(3)		(4)		(5)	

6 組織が変化する際，リーダーが果たすべき役割について，「環境の変化」「ビジョン」「改革案」という語を用いてそれぞれ20字程度で説明しなさい。

7 モチベーションのクラウディング・アウト効果について，「外発的動機付け」「内発的動機付け」という語を用いて60字程度で説明しなさい。

5節 取引関係のマネジメント

教科書 p.71〜72

要点整理

正答数　　／15問

教科書の内容についてまとめた次の文章の(　　)にあてはまる語句を書きなさい。

経営者は，他企業ともさまざまな関係を構築し，マネジメントする必要がある。企業は他社と競争関係にあるだけでなく，(①　　　　　)な関係も形成する。

Check!

1 内製か外注か

教科書 p.71

部品などの調達方法のうち，(②　　　　　)で生産することは内製といい，(③　　　　　)から購入することを外注という。また，外注から内製に切り替えることを(④　　　　　)という。

内製するか外注するかを決める一つの基準は，自社生産と他社生産ではどちらのほうが生産費用を低く抑えることができるか，つまり自社と他社のどちらが(⑤　　　　　)に商品を生産できるかである。

内製するか外注するかのもう一つの基準は，(⑥　　　　　)である。(⑥)とは，他社と取引を行う際に発生するさまざまな費用の総称である。内製するよりも外注したほうが生産費用は安い場合であっても，(⑥)が高くなる場合には，(⑦　　　　　)を選ぶことになる。

Check!

2 中間形態としての系列取引

教科書 p.72

外注する場合は，取引業者と(⑧　　　　　)を行い，内製する場合は，組織内部において(⑨　　　　　)を行う。

外注であっても，(⑩　　　　　)に取引することで，内製のような(①)な関係が築かれることも少なくない。このような安定的な取引関係は(⑪　　　　　)と呼ばれる。

一方，内製をする場合であっても，外注業者間の(⑫　　　　　)な状況を維持するために，外部の取引業者とも並行して取引を(⑬　　　　　)する企業も存在する。

自動車の完成までには数万点の部品が必要である。自動車メーカーはその大部分を(⑭　　　　　)にある供給業者から購入しており，完成した製品は(⑮　　　　　)と呼ばれる販売店を通じて最終消費者に届けられる。自動車業界に限らず，供給業者や販売業者からの協力が重要である場合には，それらの企業と(⑪)が行われることになる。

▶Step 問題

正答数　　／7問

1 次の各文の下線部が正しい場合は○を，誤っている場合は正しい語句を書きなさい。

⑴　社内で内製していたものを外注に切り替えることを<u>アウトソーシング</u>という。

⑵　市場から購入していた部品などを内製に切り替えることを<u>水平統合</u>という。

⑶　<u>生産費用</u>とは，他社とビジネスを行う際に発生するさまざまな費用のことである。

⑷　<u>市場取引</u>とは，外注であっても，長期的な取引にすることで，内製のような協力関係が築かれることである。

⑸　自社の本来の活動よりも消費者側に位置する活動を統合することを<u>後方統合</u>という。

⑴		⑵		⑶	
⑷		⑸			

2 内製するか外注するかを決める二つの基準について，「生産費用」「取引費用」という語を用いて，100字程度で説明しなさい。

3 家電業界について，系列取引が減少している理由を50字程度で説明しなさい。

2章　ビジネスの組織化

◆探究問題 2

参照：2 分業と調整・4 組織内部のマネジメント

1 あなたが学校や地域社会で所属している組織をできるだけ多く書き出そう。

2 ①で考えた組織におけるあなたの具体的なタスクは何か。水平的分業と垂直的分業のいずれかに分類して書き出そう。

水平的分業

垂直的分業

3 ②で考えた組織におけるタスクについて，モチベーションを高めるためにはどうしたらよいか考えよう。

組織におけるあなたのタスク	モチベーションを高めるための方策

■重要用語の確認　2

正答数　1回目　／21問　2回目　／21問

次の(1)～(21)にあてはまる用語を書きなさい。

1回目 □ 2回目 □ (1)　業務において行われるべき一つひとつの活動。（　　　）

□□(2)　組織成員に必要なタスクを振り分けること。（　　　）

□□(3)　各組織成員がとるべき行動を事前に決めたり，組織成員どうしで問題が生じたときに管理者が介入したりすること。（　　　）

□□(4)　立場が同じ者どうしで行われる分業。（　　　）

□□(5)　一方が指示し，もう一方が指示を受ける上下の権限関係をつくること。（　　　）

□□(6)　事前の調整における問題とその対応方法。（　　　）

□□(7)　事後の調整のうち，権限を持つ者が行う調整。（　　　）

□□(8)　事後の調整のうち，同じ階層における組織成員どうしが連携して行う調整。（　　　）

□□(9)　管理者は部下に命令を出し，部下の成果を評価する権限を持つとともに，部門における成果に対する責任も負うこと。（　　　）

□□(10)　組織において主要な業務に関わり，指揮命令系統に繋がれている部門と組織成員。（　　　）

□□(11)　ラインの活動を支援する役割を担う部門と組織成員。（　　　）

□□(12)　経営者のすぐ下の部門が職務ごとに分かれて編成されている組織形態。（　　　）

□□(13)　製造や販売などの機能が利益責任単位ごとに配置される組織形態。（　　　）

□□(14)　行と列という二つの方向から管理する組織形態。ツー・ボス・システムともいう。（　　　）

□□(15)　組織においては，部下は一名の上司からのみ命令を受けるという法則。（　　　）

□□(16)　特定の目的のために，期限を設けて組織内から人材を集めて編成される部門。（　　　）

□□(17)　異なる目的や意見などが存在することで発生する対立。（　　　）

□□(18)　社内で生産すること。（　　　）

□□(19)　他社から購入すること。（　　　）

□□(20)　他社から購入していたものを社内生産に切り替えること。（　　　）

□□(21)　長期的に取引することなどで築かれる，協力的な取引関係。（　　　）

▲アプリはこちらから

アプリでほかの問題にもチャレンジしてみよう！

1節 財務的資源のマネジメント

教科書 p.78~84

要点整理

正答数　　／66問

教科書の内容についてまとめた次の文章の(　　)にあてはまる語句を書きなさい。

事業を始めるのに必要な事業活動の基盤になるものを(①　　　　)といい，人的資源((②　　　　))，物的資源((③　　　　))，財務的資源((④　　　　))，情報的資源((⑤　　　　))に分けられる。経営者は，事業にとって必要な(①)を入手して，効率的に利用しなければならない。

企業が保有する資金を(⑥　　　　)という。事業に必要な資金を集めることを(⑦　　　　)といい，調達した資金が効果的に活用できているかを分析することを(⑧　　　　)という。

1 資金調達の方法

教科書 p.79

Check!

株式会社の資金調達の方法には(⑨　　　　)と(⑩　　　　)がある。

	調達方法	投資家	(⑪　　　　)
(⑨)	株式の発行	(⑫　　　　)	(⑬　　　　)
(⑩)	銀行からの借入 (⑭　　　　)の発行	(⑮　　　　)	利息

(⑨)は英語に訳すと(⑯　　　　)，(⑩)は英語に訳すと(⑰　　　　)という。株式や(⑭)の発行は直接的な資金の供給であるため(⑱　　　　)といい，銀行からの借入は(⑲　　　　)という。

金融市場における為替や金利などの変動リスクを回避するために開発されたのが(⑳　　　　)((㉑　　　　))である。(⑳)の種類として，以下の取引を行う商品が挙げられる。

・(㉒　　　　)…将来における受け渡し時の価格を現時点で約束する取引。

・(㉓　　　　)…将来において，ある価格で特定の資産を買う(売る)権利を現時点で売買し，それを行使するか放棄するかを選択する取引。

・(㉔　　　　)…二つの企業が債権(債務)の利子や元金を将来において受け取る権利(支払う義務)を現時点で交換する取引。

2 財務分析の基礎

教科書 p.80~84

Check!

企業活動の成果を数値によって表し，その結果を(㉕　　　　)に報告するために作成されるのが(㉖　　　　)である。(㉖)をもとに，財務分析を行う。

財務分析の代表的な基準としては，(㉗　　　　　　　)や(㉘　　　　　　　)，生産性，成長性などがある。

1)利益

(㉙　　　　　)は，企業活動の成果を知るために重要な指標である。(㉙)は(㉚　　　　　)から(㉛　　　　　　)を差し引いたものであるが，それぞれに何をあてはめるかによって，その(㉙)の意味は異なる。

1 (㉜　　　　　　　　　)…営業活動の成果を直接表す利益，純粋に本業で得た利益

売上総利益＝売上高－(㉝　　　　　　　)

売上高は企業の本業から得られた収益であり，(㉝)は企業が販売する製品やサービスの生産に直接使った費用である。(㉜)は，売上原価にどれくらいの価値を付与して販売したかを示しているため，企業活動の(㉞　　　　　　　)を表しているとも考えられる。

2 (㉟　　　　　　　　)…営業活動の成果を表す利益，本業で得た利益

人件費や広告宣伝費，減価償却費などの，売上原価以外の営業活動を行うための費用を(㊱　　　　　　　　　　　　)という。

営業利益＝売上総利益－販売費及び一般管理費

(㉟)は，本業で得られた収益から，それに使った費用を差し引いたものであるので，営業活動の成果を表している。

3 (㊲　　　　　　　　)…本業以外の損益も算入した，企業活動による利益

受取利息や受取配当金など，本業以外から得た収益を(㊳　　　　　　　　　)といい，支払利息や手形売却損など，本業には直接関わらない費用を(㊴　　　　　　　　)という。

経常利益＝営業利益＋営業外収益－営業外費用

4 (㊵　　　　　　　　　)…通常の事業活動以外で発生した損益を算入した，最終的な企業の成果

固定資産売却益などの通常の事業活動以外で発生する臨時的な利益である(㊶　　　　　　)を加え，固定資産売却損などの臨時的な損失である(㊷　　　　　　)を引いたものを(㊸　　　　　　　　　　　　)という。

税引前当期純利益＝経常利益＋特別収益－特別利益

さらに，(㊸)から法人税や住民税，事業税といった(㊹　　　　　　)を差し引いたものが(㊵)((㊺　　　　　　　　　　　　　　))である。

当期純利益(税引後当期純利益)＝税引前当期純利益－税金

3章 経営資源のマネジメント

2)収益性の分析

企業が持つ，利益を生み出す力を（㊻　　　　　　　）という。

1 （㊼　　　　　　　）…売上高に対する利益率，売上高に対してどれくらいの利益を上げられるか

利益を売上総利益にして求めた指標を（㊽　　　　　　　）という。

$$売上高総利益率=\frac{売上総利益}{売上高}\times 100\ (\%)$$

利益を営業利益にして求めた指標を（㊾　　　　　　　）という。

$$売上高営業利益率=\frac{営業利益}{売上高}\times 100\ (\%)$$

2 （㊿　　　　　　　）…資本に対する利益率，資本をどれくらい効率よく使用しているか

株主からの出資額をどれくらい効率的に使用し，利益を獲得したかを表す指標を（51　　　　　　　）(ROE)という。

$$自己資本利益率(ROE)=\frac{当期純利益}{自己資本額}\times 100\ (\%)$$

自己資本に，銀行からの借入や社債の発行で集めた他人資本を加えた総資本をどれくらい効率的に使用しているかを表す指標を（52　　　　　　　）または（53　　　　　　　）(ROA)という。

$$総資本利益率または総資産利益率(ROA)=\frac{(54\qquad\qquad)}{総資本}\times 100\ (\%)$$

3 資本利益率の分解

資本利益率は次のように分解される。

$$資本利益率=\frac{利益}{資本}\times 100\ (\%)$$

$$=\frac{利益}{売上高}\times\frac{売上高}{資本}\times 100\ (\%)$$

$$\frac{利益}{売上高}\times 100\%=売上高利益率,\quad \frac{売上高}{資本}=(55\qquad\qquad)$$

と考えられるため，資本利益率は次のようにも表すこともできる。

$$資本利益率=売上高利益率\times 資本回転率\times 100\ (\%)$$

この式は，資本利益率を上げるためには，売上高利益率を高める方法と，(55)を高める

方法があることを表している。(55)とは，一会計期間に，企業が保有する資本が何回利用され売上高をもたらしたかを意味する。(55)が高いほど，資本を効率的に利用しているといえる。

3)安全性の分析

安全性は，企業の財務基盤がどれくらい安定しているかを示すものであり，企業の支払能力を評価するものである。安全性の指標は，短期の支払能力と長期の支払能力を示すものに分けられる。

1 短期の支払能力

一年以内または正常な営業循環において返済するべき負債である(56 　　　　)に対する，一年以内または正常な営業循環のなかで現金化できる資産である(57 　　　　)の比率を(58 　　　　)という。

$$流動比率=\frac{流動資産}{流動負債}\times 100\ (\%)$$

(56)は，かつて(59 　　　　)が基準値とされていたが，近年は(60 　　　　)を下回らないようにするべきとされるようになった。

(61 　　　　)は(57)のなかでもより換金性が高い(62 　　　　)を(56)で割ったものである。

$$当座比率=\frac{当座資産}{流動負債}\times 100\ (\%)$$

2 長期の支払能力

自己資本を総資本で割ったものを(63 　　　　)といい，金融機関などからの借入の依存度を意味している。

$$自己資本比率=\frac{自己資本}{総資本}\times 100\ (\%)$$

(63)は高いほうが財政状態は安全とされ，(64 　　　　)が基準値とされている。

固定資産を自己資本で割ったものを(65 　　　　)という。

$$固定比率=\frac{固定資産}{自己資本}\times 100\ (\%)$$

(65)は小さいほうが好ましく，一般的に(66 　　　　)を下回っていれば安全性は高い。

▶Step問題

正答数　　／27問

1 次の各文の下線部が正しい場合は◯を，誤っている場合は正しい語句を書きなさい。

⑴ ヒト，モノ，カネ，情報といった事業活動の基盤となるものを生産要素という。

⑵ 銀行からの借入は，間接金融の代表的な例である。

⑶ 貸借対照表や損益計算書など，企業活動の結果を数値によって表し，ステークホルダーに報告する書類を事業計画書という。

⑷ 金融派生商品は，一般的にはエクイティ・ファイナンスと呼ばれる。

⑸ 自己資本比率は数値が低いほど財政状態は安全と考えられる。

⑴		⑵		⑶	
⑷		⑸			

2 次の利益と収益・費用の関係を表したものについて，⑴〜⑸にあてはまる語句を解答群から選び，①〜⑤にあてはまる金額を記入しなさい。

売上高	1,000
－売上原価	400
（　⑴　）	（　①　）
－販売費及び一般管理費	250
（　⑵　）	（　②　）
＋営業外収益	30
－営業外費用	60
（　⑶　）	（　③　）
＋特別利益	90
－特別費用	10
（　⑷　）	（　④　）
－税金	20
（　⑸　）	（　⑤　）

【解答群】

ア　税引前当期純利益

イ　税引後当期純利益

ウ　売上総利益

エ　営業利益

オ　経常利益

⑴		⑵		⑶		⑷		⑸	
①		②		③		④		⑤	

3 次の(1)〜(5)のうち，条件にあてはまるものにはAを，それ以外にはBを書きなさい。

●条件　株式調達に関する記述

(1)　エクイティ・ファイナンスと呼ばれる。

(2)　資金の提供者を債権者という。

(3)　利益に関係なく定期的に一定額の利息を支払う。

(4)　資金の提供者に支払う費用を資本コストという。

(5)　直接金融に分類される。

(1)		(2)		(3)		(4)		(5)	

4 次の(1)〜(5)のうち，条件にあてはまるものにはAを，それ以外にはBを書きなさい。

●条件　数値が大きいことが好ましい指標

(1)　売上高利益率　(2)　資本利益率　(3)　流動比率　(4)　自己資本比率

(5)　固定比率

(1)		(2)		(3)		(4)		(5)	

5 企業が資金の調達を重視する理由について，「資材」「従業員」という語を用いて50字程度で説明しなさい。

6 資本利益率を高めるための二つの方法を，50字程度で説明しなさい。

2節 人的資源のマネジメント

教科書 p.85~96

要点整理

正答数 ／95問

教科書の内容についてまとめた次の文章の(　　)にあてはまる語句を書きなさい。

企業において事業活動に貢献する人々のことを，(①　　　　　　　　)という。労働市場において，(①)を調達することを(②　　　　　　)という。

1 採用

教科書 p.85~87

Check!

1)採用プロセス

採用プロセスにおいて，労働者の情報を企業が入手することは容易ではない。この状態を(③　　　　　　　　)が高いという。労働者も同様に情報を得ていくが，入社以前に企業の実態を完全に把握することができないため，期待と実態のズレから生じる(④　　　　　　　　　　)を経験する人も少なくない。この状態が続くと，早期離職の原因にもなるため，採用プロセスにおいてできる限り企業の実態に近い情報を提供する(⑤　　　　　　　　　　　　　　)という手法が重要である。

2)雇用形態

企業は，毎年必要な採用人数や(⑥　　　　　　　)の種別などを決定する(⑦　　　　　　)を策定する。(⑥)は雇用期間の定めがなくフルタイムで勤務する(⑧　　　　　　)と雇用期間が定められた(⑨　　　　　　　　)に分けられる。(⑨)には，(⑩　　　　　　　　　　)や(⑪　　　　　　　)が含まれる。(⑩)は，法的には「(⑫　　　　　　　　)」に分類される。(⑩)は企業に(⑬　　　　　　　)をされるのに対し，(⑪)は派遣元である(⑭　　　　　　　　)に雇用され，派遣先の企業で勤務するという(⑮　　　　　　)をされる。

(⑨)は労働者にとって，自分のニーズにあった働き方ができるというメリットがある一方で，雇用が不安定であること，(⑯　　　　　)の機会がないこと，(⑧)と同等な(⑰　　　　　　)が受けられないなどのデメリットがある。

3)公平性の確保

「勤労婦人福祉法」は1985年の改正によって，(⑱　　　　　　　　　　　　　　　　)となった。この法律により，性別を理由とした採用と処遇の差別は違法とされたが，日本では管理職に占める女性の割合が低いことが課題となっている。障がい者の雇用に関しては，1960年に身体障害者雇用促進法が制定され，1987年には知的障がい者も対象とするように改正され，(⑲　　　　　　　　　　　　)となった。

Check!

2 賃金制度

教科書 p.88～89

1) 賃金体系

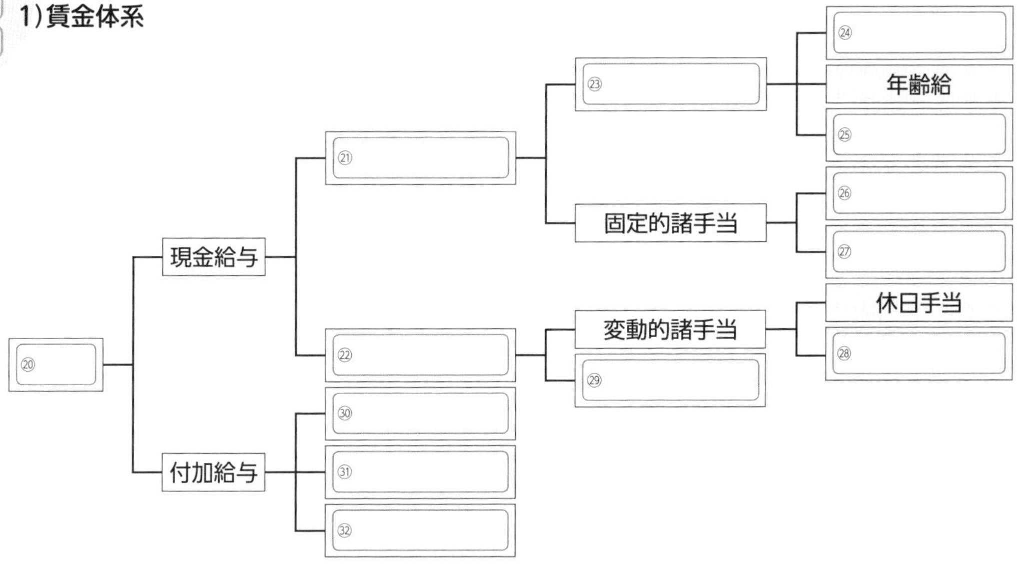

（⑳）は法律で義務付けられた法定福利費とそれ以外の法定外福利費に分けられる。

法定福利費には（㉝　　　　　　　）や厚生年金保険，（㉞　　　　　　　）などの（㉟　　　　　　　）と，（㊱　　　　　　　），労災保険などの（㊲　　　　　　　）などによって定められた保険料の負担分が含まれ，法定外福利費には（㊳　　　　　　　）や生活援助費，健康・医療関連費，文化・娯楽関連費などが含まれる。

2) 職能資格制度

従業員の能力と賃金を結びつける方法として日本企業で広く普及しているものが（㊴　　　　　　　）である。この制度は，従業員が保有する職務遂行能力を（㊵　　　　　　　）という基準により評価する。

この制度では，横軸が職能資格，縦軸が号俸を表した（㊶　　　　　　　）によって支払われるべき賃金が定められている。賃金が上昇するのは，職能資格が向上し（㊷　　　　　　　）するか，号俸が上がったときである。（㊸　　　　　　　）とともに習熟度が向上したと判断されれば号俸が上がり昇給するが，昇給の幅は，号俸が上がるよりも，（㊷）した場合のほうが大きい。

なお，課長から部長になるというように職階が上がることを（㊹　　　　　　　）という。

3) 賃金カーブ

入社から退職までの賃金の推移を示したものが（㊺　　　　　　　）である。昇格は主に勤続年数や経験に伴って生じるため，年齢に従って賃金の水準も上昇していくが，現状では，学歴や性別による（㊻　　　　　　　）が存在している。

Check! ☺ ☺ ☹

3 訓練・異動・昇進

教科書 p.90~93

1)訓練

企業内の訓練には，以下の二つがある。

職務を通じた(㊼　　　　　)((㊽　　　　　))

職務を離れて行う(㊾　　　　　)((㊿　　　　　))

[1] OJT

OJTの長所は，(51　　　　　)が高いこと，従業員の能力に応じて対応できること，上司や先輩が指導するため追加的な(52　　　　　)がかからないことなどがある。

[2] Off-JT

Off-JTの長所は，多くの従業員に対して体系的な知識を同時に伝達できることが挙げられる。Off-JTには新入社員研修や管理職研修といった，同一の職位，職階を対象とした(53　　　　　)教育，法律や会計に関する知識など，特定の職能に必要な能力を高めるために行われる(54　　　　　)教育，情報セキュリティなど，特定の課題を対象としたものである(55　　　　　)教育などの種類がある。Off-JTの短所として，実際の業務とのつながりが意識されにくいことなどがある。

2)異動

多くの従業員は，入社後に(56　　　　　)された(57　　　　　)にとどまり続けるわけではなく，(58　　　　　)を経験する。特に若い従業員には，さまざまな経験を積ませることと，(59　　　　　)をみつけることを目的として，3年に一度程度のペースで(58)させることが多い。(58)によって，結果として(60　　　　　)が実現される。

近年，それぞれの部署が必要とする人材を社内で公募し，関心がある従業員が直属の上司の許可がなくても応募できる制度である(61　　　　　)，従業員が希望する部署に対して(58)の希望を提出できる(62　　　　　)などがある。

3)昇進

昇進対象の幹部候補生を，早期に選抜する(63　　　　　)の欧米企業と比べて，日本企業は選抜が遅く設定されており，(64　　　　　)という。(64)の長所は，昇進に対する期待を持続させることで，組織成員の(65　　　　　)を維持することが可能になることや，幹部候補の決定を複数の上司によって評価できることがある。短所は幹部候補に対する集中的な教育投資が遅れることが挙げられる。

Check! ☺ ☺ ☹

4 労働環境の整備

教科書 p.94~96

企業は，従業員を雇用する(66　　　　　)を果たす観点と，従業員のモチベーションを高めて職場の生産性を向上させるという観点から，(67　　　　　)を適切に整備することが求められている。

1)労働時間の管理

労働時間は，(⑥⑧　　　　)により上限が定められている。その上限を(⑥⑨　　　　)といい，原則として1日(⑦⓪　　　　)以内かつ1週間(⑦①　　　　)以内と定められている。これを超えて勤務した労働時間が(⑦②　　　　)となる。企業は(⑥⑨)の中で始業時刻から終業時刻までの時間から休憩時間を省いた(⑦③　　　　)を決定する。従業員に(⑥⑨)を超えて仕事をさせる場合は，従業員の過半数で組織する(⑦④　　　　)か従業員の過半数を代表する者と(⑦⑤　　　　)を結び，行政官庁に届け出る必要がある。この協定は労働基準法36条に定められていることから，(⑦⑥　　　　)と呼ばれる。

日本では長時間労働による生産性の低さが問題視されている。この問題の解消に向けて，移動時間短縮のための(⑦⑦　　　　)を拡充するなどの経営努力がみられる。

2)労働時間の柔軟化

1　変形労働時間制

特定の時期は法定労働時間を超えるが，その期間全体の平均労働時間は法定労働時間の枠内に収まるようにする勤務形態を(⑦⑧　　　　)という。

2　みなし労働時間制

実際の労働時間が多くても少なくても，所定労働時間を満たしていると「みなす」制度を(⑦⑨　　　　)という。この制度は，外回りの多い営業担当者や在宅勤務者など，労働時間の把握が難しい職種が対象になる(⑧⓪　　　　)と，会計士や弁護士，デザイナーなどの専門職が主な対象である(⑧①　　　　)に分けられる。そのほかの制度に，従業員の事情に応じて，始業時刻と終業時刻を定めることを可能とした(⑧②　　　　)がある。労働時間の柔軟化などから，企業に勤務しながら(⑧③　　　　)でほかのビジネスを行う(⑧④　　　　)という働き方が生まれた。

3)従業員の健康と安全の保障

業務の遂行によって発生した死亡事故や傷害事故，健康被害は(⑧⑤　　　　)((⑧⑥　　　　))と呼ばれる。(⑧⑤)と認定され，(⑧⑦　　　　)を受給するためには事業主の支配下で発生したかという(⑧⑧　　　　)と，業務が原因となっている事実があるかという(⑧⑨　　　　)が認められる必要がある。これを(⑨⓪　　　　)という。

長時間労働による(㉑　　　　　　　)も(㉟)の一つである。(㉑)の(⑳)の一つとして，発症前1か月の時間外労働が(㉒　　　　　　　)を超えているか，発症前2か月から6か月の月平均時間外労働が(㉓　　　　　　　)を超えているか，というものがある。また，長時間労働や職場の人間関係に起因した精神的な疾患も(㉟)の対象であり，近年増加傾向にある。従業員の精神的健康状態，(㉔　　　　　　　)の問題は改善に努めることが求められる。経営課題の一つとして従業員の健康の増進に取り組むことを(㉕　　　　　　　)という。

▶Step問題

正答数　　／53問

1　次の各文の下線部が正しい場合は○を，誤っている場合は正しい語句を書きなさい。

(1)　企業において事業活動に貢献する人々のことを<u>人的資源</u>という。

(2)　<u>昇進</u>とは，労働市場において企業が労働力を調達することである。

(3)　求人側よりも求職者のほうが，求人者の情報を多く持っている状態を<u>情報格差</u>という。

(4)　新入社員が入社前に抱いていた理想と入社後の現実とのギャップに衝撃を受ける状態を<u>リアリティ・ショック</u>という。

(5)　企業や職場に関する負の情報も含めて，より現実に近い情報を提供することを<u>オン・ザ・ジョブ・トレーニング</u>という

(1)		(2)	
(3)		(4)	
(5)			

2　次の(1)〜(5)のうち，条件にあてはまるものにはA，それ以外にはBを書きなさい。

●条件　派遣社員の特徴

(1)　雇用期間に定めがなく，通常，定年まで雇用される。

(2)　1日数時間程度の短時間労働が多い。

(3)　雇用形態は非正規雇用である。

(4)　企業に直接雇用されている。

(5)　一般の社員と同等な福利厚生を受けられないことが多い。

(1)		(2)		(3)		(4)		(5)	

3 次の(1)〜(5)のうち，正しいものにはAを，誤っているものにはBを書きなさい。

(1) 男女雇用機会均等法では，男女を指定して採用しても良いと定められている。

(2) 日本では，管理職に占める女性の比率が他国に比べて低いことが課題となっている。

(3) 障害者雇用促進法では，身体障がい者のみが対象で，知的障がい者は対象ではない。

(4) 一般事業主には障がい者を雇用する義務はなく，目標としての法定雇用率がある。

(5) 障がい者の法定雇用率を達成できなかった場合は，営業停止などの罰則がある。

(1)		(2)		(3)		(4)		(5)	

4 次の(1)〜(5)のうち，条件にあてはまるものにはA，それ以外にはBを書きなさい。

●条件　所定内給与に含まれるもの

(1) 職能給　(2) 残業手当　(3) 賞与　(4) 住宅手当　(5) 年齢給

(1)		(2)		(3)		(4)		(5)	

5 教科書p.89の号俸表の例と条件を参考に，次の(1)〜(5)の賃金を書きなさい。

●条件
- i　高卒で入社した従業員は１等級の１号からスタートする。
- ii　大卒で入社した従業員は２等級の５号からスタートする。
- iii　号俸は年に一度，１号上がる。昇進をした場合も号俸は引き継がれる。
- iv　主任に昇進すると２等級，課長に昇進するとは３等級に昇格する。

(1) 高卒の新入社員　(2) 高卒５年目の社員　(3) 大卒の新入社員

(4) 高卒８年目の主任　(5) 大卒15年目の課長

(1)	円	(2)	円	(3)	円	(4)	円	(5)	円

6 次の(1)〜(5)に最も関係の深いものを解答群から選び，記号で答えなさい。

(1) 新入社員研修，管理職研修

(2) 実際の職務，配属先

(3) 情報セキュリティ研修，倫理研修

(4) 研修施設，本社

(5) 新会計基準研修，関係法律研修

【解答群】
ア　OJT
イ　Off-JT
ウ　階層別教育
エ　職能別教育
オ　目的別教育

(1)		(2)		(3)		(4)		(5)	

7 次の各文の下線部が正しい場合は○を，誤っている場合は正しい用語を書きなさい。

⑴ 会社内で現在の部署から，ほかの部署に変わることを<u>移動</u>という。

⑵ それぞれの部署が必要とする人材を公募する制度を，<u>人材派遣制度</u>という。

⑶ 従業員がどの部署にも配属替えを希望できる制度を，<u>社内FA制度</u>という。

⑷ 欧米企業には，早期に幹部候補者を選抜する<u>年功序列型</u>の企業が多い。

⑸ 日本企業では，幹部候補者を選抜するタイミングが遅く「<u>遅い昇進</u>」が行われている。

⑴		⑵		⑶	
⑷		⑸			

8 次の⑴〜⑷について，①〜⑤にあてはまる時間を書きなさい。

⑴ 法定労働時間は，原則として１日（　①　）以内，１週間（　②　）以内である。

⑵ 始業時間が午前９時，終業時間が午後５時で１時間休憩の場合，所定労働時間は（　③　）である。

⑶ 始業時間が午前８時，終業時間が午後４時30分で，正午から45分間休憩がある場合の所定労働時間は（　④　）である。

⑷ 変形労働時間制を採用している企業では，週で40時間を越えなければ，特定の曜日に１日（　⑤　）までの労働が認められている。

①		②		③	
④		⑤			

9 次の⑴〜⑸の職業について，変形労働時間制が適用される可能性が高いものにはAを，事業場外みなし制が適用される可能性が高いものにはBを，裁量労働制が適用される可能性が高いものにはCを書きなさい。

⑴ 週４日，自宅でテレワークをする従業員

⑵ 給料日前に，特に多忙になる経理担当者

⑶ 新商品を開発する研究者

⑷ 夜間や休日を中心に家庭を訪問する営業担当者

⑸ 印刷会社で広告を制作するデザイナー

⑴		⑵		⑶		⑷		⑸	

10 次の文章の①～⑤にあてはまる語句を解答群から選び，記号を答えなさい。

2015年に，大手広告代理店の女性社員が長時間労働による精神的な疲労から（　①　）する事件が起きた。亡くなる直前の１か月の時間外労働は（　②　）をゆうに超える130時間に達し，翌年，（　③　）の認定を受けた。同時に，会社側が社員に（　④　）で決めた時間外労働を超えないよう残業時間を過少申告するように指示していたことも問題となった。この事件は，その後議論されることになった（　⑤　）に大きな影響を与えた。

【解答群】 ア　働き方改革　　イ　労働災害　　ウ　過労死　　エ　労災認定基準
　　　　　オ　36協定

①		②		③		④		⑤	

11 幹部候補生の選抜のタイミングを遅く設定する，いわゆる「遅い昇進」のメリットについて，70字程度で説明しなさい。

12 36協定について，その内容と協定の結び方の面から100字程度で説明しなさい。

13 パラレルキャリアや副業などを推奨する企業が期待するメリットについて，50字程度で説明しなさい。

3章 経営資源のマネジメント

3節 物的資源のマネジメント

教科書 p.97〜103

要点整理

正答数　　／56問

教科書の内容についてまとめた次の文章の(　　)にあてはまる語句を書きなさい。

企業内には，(①　　　　　　)や完成品，工場や設備などの(②　　　　　　)が存在する。企業は財務的資源を資金にして，これらの(②)を購入し，人的資源と組み合わせることで，製品やサービスを生産したり，販売したりしている。原材料から製品に転換するプロセスである(③　　　　　　)とその管理，生産された製品を消費者に届けるプロセスである流通チャネルによって，(②)のマネジメントは構成される。

1 生産管理

教科書 p.97〜100

Check!

生産管理の主な目的は，設計通りの品質の達成とより低い(④　　　　　　)を実現することである。

1)製造原価

製造原価は製品の生産に使用される材料の調達費用である(⑤　　　　　　)，生産に使用される労働に対する費用である(⑥　　　　　　)，この二つに含まれない(⑦　　　　　　)や水道光熱費などの(⑧　　　　　　)から構成される。そして，それぞれ特定の製品に関わる(⑨　　　　　　)と複数の種類の製品に共通してかかる(⑩　　　　　　)に分けることができる。つまり，(⑨)は(⑪　　　　　　)，(⑫　　　　　　)，(⑬　　　　　　)に，(⑩)は(⑭　　　　　　)，(⑮　　　　　　)，(⑯　　　　　　)に分けることができる。

生産工程を改善し，(⑰　　　　　　)を下げることができれば，(⑤)は低くなり，生産に要する時間を削減できれば，(⑥)を低く抑えることができる。

■製造原価に含まれるもの

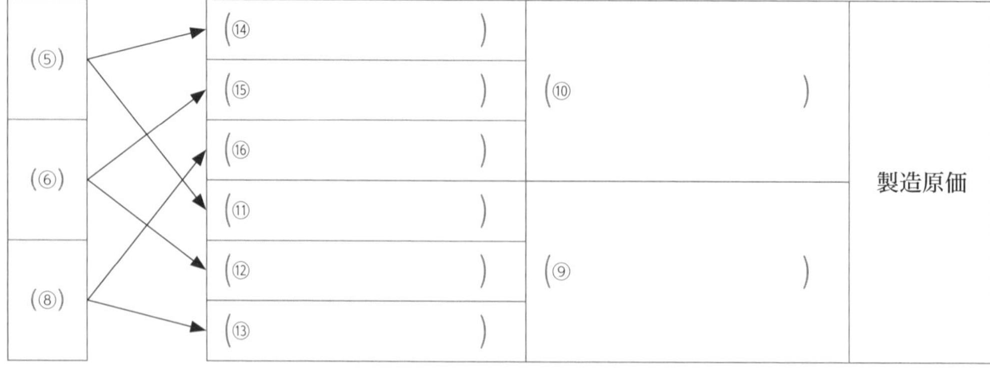

2)「ムダ」を省く

生産工程には，次の七つの「ムダ」があり，製造原価が高くなる原因となっている。

①(⑱　　　　　　　　)…需要量に対して過剰な製品，(⑲　　　　　　)，仕掛品をつくること

②(⑳　　　　　　　　)…前工程からの(⑲)などの供給が遅れ，作業ができない時間のロス

③(㉑　　　　　　　　)…工程間の距離が，不必要に長いこと

④(㉒　　　　　　　　)…不必要な加工作業が存在すること

⑤(㉓　　　　　　　　)…不必要に大量な在庫を持つこと

⑥(㉔　　　　　　　　)…労働者に不必要な動作があること

⑦(㉕　　　　　　　　)…品質基準に満たない製品をつくってしまうこと

これらのムダを削減した生産方法として，「必要なものを，必要なときに，必要なだけ生産する」という(㉖　　　　　　　　)がある。

3)ボトルネックの解消

全体の生産量を引き下げている工程を(㉗　　　　　　　　)という。これを発見することで，生産工程全体を最適化する視点も重要である。

4)インダストリアル・エンジニアリング

動作のムダを改善する手法を(㉘　　　　　　　　)(IE)という。

労働者の生産性を上げる体系的な試みは，19世紀後半から20世紀初頭にかけてフレデリック・テイラーによって進められ，その手法は(㉙　　　　　　)と呼ばれた。テイラーは作業効率の良い者のデータをもとに標準的な作業手続きを決め，それによって実現できる作業量をほかの労働者も達成できるように(㉚　　　　　　)を提供した。多くの国々で(㉙)が導入され，その後，(㉘)として体系化された。

Check!

2 流通チャネルのマネジメント

教科書 p.101~103

企業によって生産された製品は，(㉛　　　　　　　　)((㉜　　　　　　　　))を通じて消費者のもとに届けられる。

(㉛)には，ICTを活用し，自社のECサイトを開設するなどして，消費者に直接販売する，(㉝　　　　　　)と，製品を(㉞　　　　　　)に販売し，そこから小売業を経て，消費者に届ける(㉟　　　　　　)がある。

(㉝)で十分な収益を得るためには，多くの消費者に製品が認知されている必要がある。一方，(㉟)では，他社製品との競争が生じやすいものの，顧客の目に触れる機会は多くなる。企業は，自社が置かれた状況に応じて，適切な(㉛)を選択する必要がある。

近年，実店舗とECサイト，両方のチャネルを活用する企業が増えており，それらを統合して活用する戦略を（㊱　　　　　　　　　　）という。

1）流通構造

生産者から小売業までの取引のつながり方を（㊲　　　　　　　）という。どのような業者が介在するのか，業者間でどのような取引が行われているかを㊲は示す。㊲は長さと開放性によって特徴づけられる。

長さとは，生産者から小売業までに介在する業者の数のことで，介在する業者が多ければ㊲は（㊳　　　　　）なり，介在する業者が少なければ㊲は（㊴　　　　　）なる。近年は，㊲は短くなる傾向にある。卸売業の販売額を小売業の販売額で割った値である（㊵　　　　　　　　　）（（㊶　　　　　　））も減少傾向にある。

開放性とは，生産者が，卸売業や小売業と限定的な関係を構築しているかどうかを示すものである。生産者が特定の卸売業や小売業としか取引していない状態を㊲が（㊷　　　　　）であると表現し，反対に，卸売業や小売業を特定しない状態を㊲が（㊸　　　　　）であると表現する。生産者が価格や販売方法を強くコントロールしたいときは（㊹　　　　　　　　　）を採用し，生産者が価格や販売方法によらず，製品を広く消費者に届けたいときは（㊺　　　　　　　　　）が採用されることが多い。

2）サプライ・チェーン・マネジメント

原材料の調達から商品の販売までの流れを（㊻　　　　　　　　　）という。㊻全体で在庫を管理する経営手法が（㊼　　　　　　　　　）（（㊽　　　　））である。㊻全体で需要に応じた適切な量を生産しなければ，（㊾　　　　　　　）が大きくなったり，在庫がないために（㊿　　　　　　　）を逃したりする可能性が生じる。

㊼では，小売部門における正確な（51　　　　　　）とそれに対応できる（52　　　　　）の構築が重要である。51に関しては（53　　　　　　　　）を代表とする情報システムの発達によって，より正確な51が可能になった。

52に関しては，需要の変動に柔軟かつ迅速に対応するためには，受注から納入までにかかる（54　　　　　　　）を短縮したり，一度に生産する一まとまりの単位である（55　　　　　　　）を小さくしたりすることが必要になる。

部品や原材料の安定的な供給を実現するためには，平時ばかりではなく，災害などの非常事態への対応も検討しなければならない。㊻のどこかの工程が被災すると，㊻は寸断され，すべての工程が影響を受けてしまう。不測の事態において事業を継続するための対応策を（56　　　　　　　　）（BCP）という。

▶Step問題

正答数　　／33問

1 次の条件に基づき，A品の製造原価をまとめた表を完成させなさい。

●条件　i　A品は当月に生産を開始し，すでに完成している。

ii　A品の直接材料費は¥200であり，工場全体の間接材料費¥50のうち40%がA品に配賦された。

ii　A品の直接労務費は￥300であり，工場全体の間接労務費¥100のうち30%がA品に配賦された。

iii　A品の直接経費は¥10であり，工場全体の間接経費¥200のうち30%がA品に配賦された。

■A品の製造原価　　　　　　（単位：万円）

<table>
<tr><td>間接材料費</td><td>(　　　)</td><td rowspan="3">製造間接費 (　　　)</td><td rowspan="6">製造原価 (　　　)</td></tr>
<tr><td>間接労務費</td><td>30</td></tr>
<tr><td>間接経費</td><td>60</td></tr>
<tr><td>直接材料費</td><td>200</td><td rowspan="3">製造直接費 (　　　)</td></tr>
<tr><td>直接労務費</td><td>(　　　)</td></tr>
<tr><td>直接経費</td><td>10</td></tr>
</table>

2 教科書p.98を参考に次のイラストの［　　　］にあてはまる語句を書きなさい。

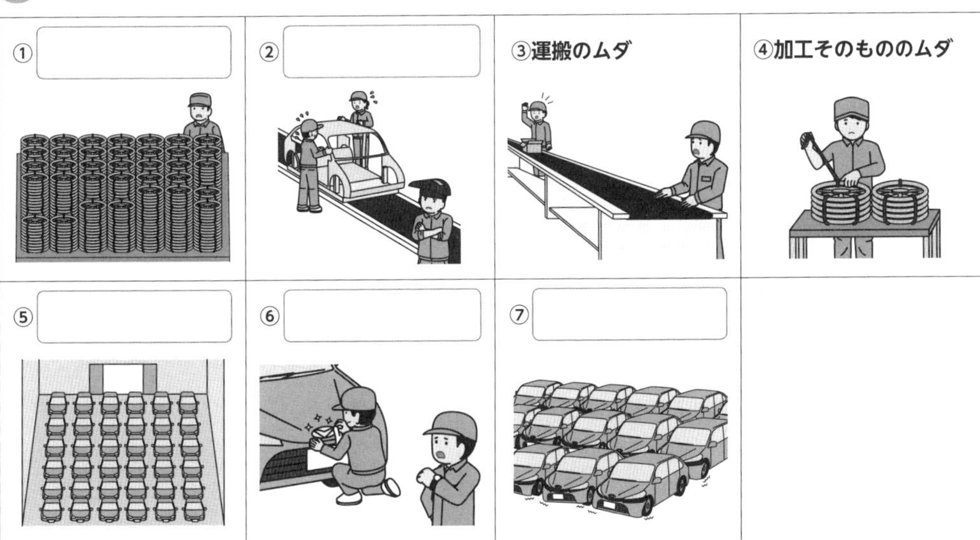

3 次のMさんとWさんの会話は，教科書p.99のイラストについてのものである。会話の①～⑤にあてはまる語句を書きなさい。

Mさん：この場合，ボトルネックは（　①　）ということだね。(①)の人員や設備を今の3倍にすれば，(①)に発生している6台の（　②　）は解消できるね。

Wさん：でも，そうしたら，今度は（　③　）がボトルネックになってしまうわ。(①)の人員や設備は2倍がいいんじゃないかな。

Mさん：そうだね，もし需要予測が6台だったら，（　④　）の人員や設備を3分の2にして，(①)の生産能力を倍にすれば解決するね。

Wさん：もし，需要予測が3台だったら，(④)の生産能力を（　⑤　）にして，(③)の生産能力を2分の1にすればいいわけだね。

(1)		(2)		(3)	
(4)		(5)			

4 次の各文の下線部が正しい場合は○を，誤っている場合は正しい語句を書きなさい。

(1) 生産における動作のムダを改善する工学的な手法をジャスト・イン・タイムという。

(2) フレデリック・テイラーが提唱した労働生産性を上げる試みは経験的管理法である。

(3) 実店舗やECサイトなどを統合して活用する戦略をオムニチャネル戦略という。

(4) 受注から納入までにかかる時間をリードタイムといい，一度に生産する一まとまりの単位を経済的発注量という。

(5) 原材料の調達から商品の販売までを一括管理する経営手法を経営の多角化という。

(1)		(2)	
(3)		(4)	
(5)			

5 次の(1)～(5)のうち，条件にあてはまるものにはAを，それ以外にはBを書きなさい。

●条件　一般的に日本国内で閉鎖的な流通構造を採用する製品

(1) ペットボトル飲料　(2) 自動車　(3) 高級ブランドバッグ　(4) 雑誌

(5) 食器用洗剤

(1)		(2)		(3)		(4)		(5)	

6 「つくりすぎのムダ」について，その意味と，「つくりすぎのムダ」が引き起こすムダについて説明しなさい。

7 「手待ちのムダ」の原因とそれを解消するための方策について，「前工程」「ボトルネック」という語を用いて説明しなさい。

8 教科書p.102のW/R比率のグラフから，①1980年のW/R比率と②2017年のW/R比率を推定し，③小売業の販売額に増減がないと仮定した場合，卸売業の販売額がどのように変化したかを説明しなさい。

①		②	
③			

9 次の二つの条件でのW/R比率を計算し，W/R比率と流通構造の長さの関係について，30字程度で説明しなさい。

●条件1　生産者が50兆円で卸売業Ａに販売，卸売業Ａが70兆円で卸売業Ｂに販売，卸売業Ｂが小売業に80兆円で販売，小売業が100兆円で消費者に販売。

●条件２　生産者が50兆円で卸売業に販売，卸売業が80兆円で小売業に販売，小売業が100兆円で消費者に販売。

条件１のW/R比率	条件２のW/R比率
W/R比率と流通構造の長さの関係	

3章 経営資源のマネジメント

4節 情報的資源のマネジメント

教科書 p.104～108

要点整理

正答数　　／32問

教科書の内容についてまとめた次の文章の(　　)にあてはまる語句を書きなさい。

情報や知識は，経営資源のなかでも形のない(①　　　　　　)であり，これらを(②　　　　　　)という。

知識が重要な位置を占める産業を(③　　　　　　)という。

(③)のほか，商品の生産のために必要とされる労働力が資本と比べて相対的に大きい産業を(④　　　　　　)といい，それに対して，労働力に比べて多くの資本を投下する産業を(⑤　　　　　　)という。

1 情報と知識

教科書 p.104

Check!

情報と知識は類似した概念ではあるが，それぞれ異なる意味を持つ。情報とは「世界に存在するデータを受け手側によりある目的に照らして価値があると評価されたもの」であり，それぞれの要素を整理した，解釈前のデータである。一方，知識とは「情報のなかで一般性があると評価，解釈されたもの」であり，情報が解釈され，加工されたものである。情報から創造された(⑥　　　　　　)は知識に分類される。

2 ＩＣＴの活用

教科書 p.105

Check!

企業が情報を収集し，分析する能力を飛躍的に高めたのがＩＣＴである。ＩＣＴはコンピュータなどの(⑦　　　　　　)とインターネットなどの(⑧　　　　　　)を組み合わせた技術の総称である。

ＩＣＴはさまざまな製品に影響を与え，従来の製品概念を大きく変えている。その一つが物のインターネット化((⑨　　　　))であり，もう一つが人工知能((⑩　　　　))である。(⑨)とは，ＩＣＴを活用することで，製品や機械設備などの物を通じた情報のやり取りを可能にすることである。(⑩)は人間による情報処理活動をコンピュータが代替するものである。(⑩)の活用の例として，人間が操作しなくても，自動車を運行することができる技術である(⑪　　　　　　)がある。

3 知識の創造と共有

教科書 p.106～107

Check!

新たな知識を創造し，画期的な商品を開発することは，持続的な競争優位を実現するために重要なことである。

1)知識の共有

知識は，言語で表現したり，実際に動作で示したりすることで，他者に伝達し共有される。知識には，言葉で表現することが難しく，他者に伝達しにくい(⑫　　　　　　)と，言葉などで表現され，他者にも理解ができる状態で，伝達しやすい(⑬　　　　　　)がある。(⑫)の移転は容易ではなく同じ職場で時間をかけて伝達する。

2)知識の創造

新しい知識を生み出すプロセスを(⑭　　　　　　)という。(⑭)は個人のひらめきや直感によって生み出される活動であると同時に，異なる知識を個人間で交換することで生み出される組織的な活動でもある。他者との(⑮　　　　　　)を通じた(⑭)のプロセスを概念化したものに(⑯　　　　　　)がある。知識創造を実現するプロセスは以下の四段階から構成される。

(⑰　　　　)	共体験などによって暗黙知を獲得，伝達する段階
(⑱　　　　)	得られた暗黙知を共有できるように，形式知に変換する段階
(⑲　　　　)	形式知どうしを組み合わせて，新たな形式知を創造する段階
(⑳　　　　)	新たな形式知を基に，個人が実践を行い，その知識を体得する段階

Check!

4 知的財産のマネジメント

教科書 p.108

(㉑　　　　　　)…知的な創造活動によって生み出されたものを独占的に利用する権利
- (㉒　　　　　　)…文芸・学術・美術・音楽などを創造した者が持つ権利
- (㉓　　　　　　)
  - (㉔　　　　　　)…発明の独占的利用に関する権利
  - (㉕　　　　　　)…物品の形状，構造，組み合わせに関する権利
  - (㉖　　　　　　)…デザインの創作に関する権利
  - (㉗　　　　　　)…ブランドに関する権利

取得した特許を自社が独占的に利用することを(㉘　　　　　　)という。一方，他社に特許を使用する権利を与えて(㉙　　　　　　)を得たり，無償で技術内容を公開したりすることを(㉚　　　　　　)という。無償の技術公開は参入企業を増やして，市場全体の成長を促し，収益を得る機会が増えるというメリットがある。

新たな技術は必ずしも自社内だけで研究，開発，製品化が行われるわけではない。他社や研究機関などとの協働を通じ，外部の(㉛　　　　　　)を活用することで実現される(㉜　　　　　　)を推進することも，企業の重要な戦略である。

▶Step問題

正答数　　　／24問

1 次の(1)～(5)に最も関係の深いものを解答群から選び，記号で答えなさい。

(1) 情報的資源
(2) 知識集約型産業
(3) 労働集約型産業
(4) 資本集約型産業
(5) ノウハウ

【解答群】
ア 鉄鋼業や鉄道
イ 知識や情報
ウ 医薬品やソフトウエアの開発
エ 効果的なイベントを開催する知識
オ 機械化が進む以前の縫製業

(1)		(2)		(3)		(4)		(5)	

2 次の各文の下線部が正しい場合は○を，誤っている場合は正しい語句を書きなさい。

(1) 物を通じた情報のやり取りをする物のインターネット化をマルチメディアという。
(2) 人間による情報処理活動を代替する人工知能のことをスーパーコンピュータという。
(3) 言葉で表現することが難しく，伝達が困難な知識を著作権という。
(4) 言葉などで容易に表現できる，他者に伝達しやすい知識を形式知という。
(5) 四つの段階から構成される，他者との協働を通じた知識創造を概念化したものにライセンスモデルがある。

(1)		(2)		(3)	
(4)		(5)			

3 次の(1)～(5)に最も関係の深いものを解答群から選びなさい。

(1) 上司や師匠が持つ暗黙知を，部下や弟子に暗黙知として伝える段階。
(2) 創造された形式知を実践により体得し，新たな暗黙知を創造する段階。
(3) 他者との協働を通じた知識創造のプロセスを概念化したもの。
(4) 変換された複数の形式知を組み合わせ，新しい形式知を創造する段階。
(5) 上司や師匠から伝達された暗黙知を共有するため，形式知に変換する段階。

【解答群】 **ア** SECIモデル　**イ** 共同化　**ウ** 表出化　**エ** 連結化
オ 内面化

(1)		(2)		(3)		(4)		(5)	

4 次の各文の下線部が正しい場合は○を，誤っている場合は正しい語句を書きなさい。

(1) 特許権，実用新案権，意匠権，商標権から構成される権利を著作権という。

(2) 取得した特許を自社で独占的に利用することを差別化戦略という。

(3) 権利を所有する者に支払う対価，権利の使用料をロイヤリティという。

(4) 無償や有償で技術内容を他社に利用させることをオープン戦略という。

(5) 他社や研究機関などの外部の経営資源を利用し，協働して新たな技術革新を図ることをアライアンスという。

(1)		(2)		(3)	
(4)		(5)			

3章 経営資源のマネジメント

5 情報と知識について，それぞれ例を挙げて50字程度で説明しなさい。

情報

知識

6 IoTの発展によって可能になることの例を，教科書p.105の図のATM，自動車，信号機，トイレ，歯ブラシ，工場，スマートフォン，人工衛星の組み合わせから考え，100字程度で説明しなさい。

7 オープン・イノベーションの意味を50字程度で説明しなさい。

◆探究問題 3

参照：3章「経営資源のマネジメント」

あなたが何らかの事業を始めると仮定して，経営資源について考えよう。

1 あなたが始める事業を一つに特定しよう。例を参考にして事業内容を決定しなさい。

例）「衣料品店」，「雑貨店」，「洋菓子店」，「美容室」，「ラーメン店」

2 事業を行うために必要な「人的資源」を，例を参考にして書き出そう。

例）「コミュニケーション能力の高い人」，「英語の得意な人」，「手先の器用な人」，「大型自動車の免許を所有している人」，「コツコツと作業が続けられる人」

3 事業を行うために必要な「物的資源」を，例を参考にして書き出そう。

例）「高機能な衣料品」，「北欧から輸入した雑貨」，「高品質なバター」，「アレルギーフリーの化粧品」，「おいしい麺」

4 事業を行うために必要な「情報的資源」を，例を参考にして書き出そう。

例）「出店地域の人口構成などのデータ」，「海外の雑貨品の情報」，「洋菓子をつくる技術」，「顧客管理と予約のシステム」，「スープづくりのノウハウ」

重要用語の確認 3

正答数 1回目 ／24問 2回目 ／24問

次の(1)〜(24)にあてはまる用語を書きなさい。

1回目 2回目

□□(1) 事業活動の基盤になるヒト，モノ，カネ，情報。 (　　　　)

□□(2) 企業活動の成果を数値によって表したもの。 (　　　　)

□□(3) 資本に対する利益の割合。 (　　　　)

□□(4) 安全性を示す，流動負債に対する流動資産の割合。 (　　　　)

□□(5) 総資産(総資本)に対する，自己資本の比率。 (　　　　)

□□(6) 雇用期間の定めがなく，フルタイムで働く雇用形態。 (　　　　)

□□(7) パートタイム労働者や派遣社員などの雇用形態。 (　　　　)

□□(8) 職務を通じて，現場で行われる研修。 (　　　　)

□□(9) 職務を離れて，研修施設などで行われる研修。 (　　　　)

□□(10) それぞれの部署が必要な人材を公募し，従業員が自分自身の意志で応募する制度。 (　　　　)

□□(11) 特定の時期のみ法定労働時間を超えるが，期間全体では法定内になるよう調整する制度。 (　　　　)

□□(12) 営業担当者など，労働時間の把握が困難な職種に適用される制度。 (　　　　)

□□(13) 業務の遂行によって生じた死亡事故や傷害事故，健康被害など。 (　　　　)

□□(14) 生産量のなかの不良品が発生する比率。 (　　　　)

□□(15) 生産工程のなかで，全体の生産量を下げている工程。 (　　　　)

□□(16) 生産におけるムダのうち，動作のムダを改善する方法。 (　　　　)

□□(17) 原材料の調達から商品の販売までを効率化，最適化するための経営手法。 (　　　　)

□□(18) 知識が重要な位置を占める産業のこと。 (　　　　)

□□(19) ICTを活用することで，物を通じた情報のやり取りを可能にすること。 (　　　　)

□□(20) 言葉による伝達が困難な知識。 (　　　　)

□□(21) 特許権，実用新案権，意匠権，商標権からなる権利。 (　　　　)

□□(22) 取得した特許を自社が独占的に利用すること。 (　　　　)

□□(23) 取得した特許を他社に利用させること。 (　　　　)

□□(24) 他社や研究機関などの経営資源を活用した技術革新。 (　　　　)

▲アプリはこちらから

アプリでほかの問題にもチャレンジしてみよう！

1節 ビジネスの拡大

教科書 p.114~118

要点整理

正答数 ／49問

教科書の内容についてまとめた次の文章の(　　)にあてはまる語句を書きなさい。

ビジネスは，一つの商品を(①　　　　　)で売り出し，それを(②　　　　　)に購入してもらうことから始まる。しかし，その商品がいつまでも，その(②)に受け入れられ続けるとは限らない。そのため，多くの企業は自社の(③　　　　　)な発展のために，(④　　　　　)となる(②)を変えたり，新しい商品を(①)で売り出したりすることで，一つの商品から始まったビジネスを(⑤　　　　　)させていく。

こうしたビジネスの(⑤)に関する基本的な方針は，(⑥　　　　　)という考え方を活用することで策定できる。縦軸に「市場」，横軸に「商品」を取り，それぞれ「既存」と「新規」に分けて，下のように表す。

		商品	
		既存	新規
市場	既存	(⑦　　　　　)	(⑧　　　　　)
	新規	(⑨　　　　　)	(⑩　　　　　)

企業が成長を目指す場合に既存商品のまま成長を目指すか，新商品による成長を目指すかを横軸にとり，新しい市場を目指すか，既存市場で売上の増加を目指すかを縦軸にとる。このようにして，成長の方針を(⑦)(⑧)(⑨)(⑩)の四つに分類する。

1 市場浸透

教科書 p.115

Check!

「市場浸透」は，(⑪　　　　　)の商品を使って(⑫　　　　　)の市場で成長していく方針である。この方針を実行するには，(⑬　　　　　)の獲得や既存顧客の(⑭　　　　　)を高める施策が必要である。具体的には(⑮　　　　　)を配布して新しい顧客に商品を購入してもらう施策や(⑯　　　　　)を導入して週1回しか利用していない顧客に，週2，3回などより多く利用してもらうようにする施策がある。

2 新商品開発

教科書 p.115

「新商品開発」は，(⑰　　　　　　)商品を(⑱　　　　　　)市場に出すことで成長していく方針である。この方針では，これまでの商品と同じ(⑲　　　　　)を担う商品でも，できなかったことが新たにできるようになったり，できたことがより簡単にできたりするような(⑳　　　　　)の商品を開発していく必要がある。

例）オーブンレンジ

これまでの(⑲)		(⑰)技術		新しい商品
加熱して食べ物を温める	＋	加熱時に減塩や油分カットの効果を生む技術	＝	「ヘルシーな調理」という(⑳)を持った新商品

このように，商品を(㉑　　　　　　)に発売するためには，新しい商品を生み出す(㉒　　　　　　　)が求められる。

3 新市場開拓

教科書 p.116

「新市場開拓」は，既存の市場とは異なる(㉓　　　　　　)市場に，(㉔　　　　　　)商品を出すことで成長していく方針である。新市場を開拓するために，商品(⑳)に何らかの(㉕　　　　　)を加えることもある。新市場の開拓は，(㉖　　　　　　　　)や(㉗　　　　　)を拡大することで達成される。この方針には，(㉘　　　　　　)な市場をみつける(㉙　　　　　　　　　)が必要になる。

1）地理的範囲の拡大

地理的範囲の拡大とは，地理的に(㉚　　　　　　)市場を開拓するという方針である。これまで商品を販売していなかった(㉛　　　　　)や(㉜　　　　　　)への進出を目指すことになる。

例）沖縄限定のシークワーサー飲料

既存の市場		沖縄以外への進出		(㉚)市場
シークワーサーを日常的に摂取する沖縄の店舗のみ	→	全国の店舗で販売	→	地理的範囲の拡大

2)顧客層の拡大

顧客層の拡大とは，地理的範囲が同じでも，ターゲットの顧客層が（㉝　　　　　　）新しい市場を開拓する方針である。例えば，これまでは主に女性に購入されていた商品を男性にも購入してもらえるよう（㉞　　　　　）するといったように，これまではターゲットとしていなかった（㉟　　　　　）の顧客層に対して（㉞）することがあてはまる。

例）　女性用化粧水

これまでの役割		改良点		新たな市場
女性の肌トラブルの改善や保湿	→	皮脂抑制のために，洗浄力を強くする。	→	新たな顧客である男性をターゲットとした市場を開拓

4 多角化

Check!

教科書 p.117～118

「多角化」は，既存の商品と市場から（㊱　　　　　）に離れて，（㊲　　　　　）市場に（㊳　　　　　）商品を出して成長していく方針である。多角化には大きく分けて，（㊴　　　　　　　）と（㊵　　　　　　　　）の二つの種類がある。

1)関連型多角化

関連型多角化とは，企業に蓄積された（㊶　　　　　）や（㊷　　　　　　）を活用して，これまでの商品や市場とは全く（㊸　　　　　）分野に進出する多角化のことである。商品や市場という観点では，一見するとたがいに（㊹　　　　　）がない分野でも，（㊺　　　　　）という観点では，既存の事業で蓄積してきた（㊶）や（㊷）を共有できる分野に進出することで，（㊻　　　　　）の拡大を目指すのである。

2)非関連型多角化

非関連型多角化は，直接的な（㊹）を持たない（㊼　　　　　）事業に進出する多角化である。このように，多種多様な事業に参入している企業を（㊽　　　　　　）という。一つの企業ではあるが，事業間の（㊹）が薄いため，各事業はそれぞれ（㊾　　　　　）に運営されることが多い。

▶Step問題

正答数　　／11問

1 次の(1)〜(5)にあてはまるものを解答群から選び，記号で答えなさい。

多くの企業は自社の長期的な発展のために，ターゲットとなる顧客を変えたり，新しい商品を市場で売り出したりすることで，ビジネスを拡大させていく。こうした方針は，(　(1)　)という考え方を活用することで策定でき，(　(1)　)は縦軸に「市場」，横軸に「商品」を取り，それぞれを「既存」「新規」に分けて，下のように四つに分類する。

		商品	
		既存	新規
市場	既存	(2)	(4)
	新規	(3)	(5)

【解答群】 ア　新商品開発　　イ　成長マトリクス　　ウ　新市場開拓　　エ　多角化
オ　市場浸透

(1)		(2)		(3)		(4)		(5)	

2 次の(1)〜(5)に最も関係の深いものを解答群から選び，記号で答えなさい。

(1)　試供品の配布
(2)　従来と同じ役割に新たな特性を追加
(3)　地理的範囲の拡大
(4)　企業に蓄積された経営資源やコア・コンピタンスを活用し事業領域を拡大
(5)　コングロマリット

【解答群】 ア　市場浸透　　イ　新市場開拓　　ウ　関連型多角化
エ　非関連型多角化　　オ　新商品開発

(1)		(2)		(3)		(4)		(5)	

3 関連型多角化とは，どのような多角化か。「経営資源」「コア・コンピタンス」という語を用いて60字程度で説明しなさい。

4章 ビジネスの変革

2節 多角化の動機

教科書 p.119〜120

要点整理

正答数 ／13問

教科書の内容についてまとめた次の文章の(　　)にあてはまる語句を書きなさい。

多角化は，(①　　　　　　)の商品と市場に足掛かりがないため，(②　　　　　　)を伴う可能性が高い方針となる。それにもかかわらず，企業が多角化する動機は三つある。

1 既存事業の停滞

教科書 p.119

Check!

事業ライフサイクルの(③　　　　　　)や(④　　　　　　)を迎え，既存事業で成長が期待できない場合，新たな(⑤　　　　　　)を求めて企業は多角化する。自社技術の(⑥　　　　　　)や国際的な(⑦　　　　　　)を失った場合も同様である。

2 リスクの分散

教科書 p.120

Check!

一事業だけを展開する企業はその事業が(⑧　　　　　　)すると(⑨　　　　　　)までもが危ぶまれる。そこで，単一事業への(⑩　　　　　　)の軽減を狙って，既存の事業が不振の際に支えとなる(⑪　　　　　　)への多角化を進めることがある。

3 シナジー効果の実現

教科書 p.120

Check!

多角化のシナジー効果とは，二つ以上の商品を同じ企業内で手掛けたほうが，費用が(⑫　　　　　　)なったり利益が(⑬　　　　　　)なったりすることである。

▶Step 問題

正答数 ／5問

1 次の各文の下線部が正しい場合には○を，誤っている場合は正しい語句を書きなさい。

(1) 多角化はほかの成長方針と比べ，失敗を伴う可能性は相対的に<u>低い</u>方針となる。

(2) 代替的商品の登場などで売上が激減する事業ライフサイクルの時期を<u>成熟期</u>という。

(3) 広告宣伝などの実施の結果，売上が急速に増える事業ライフサイクルの時期を<u>導入期</u>という。

(4) 二つ以上の商品を別々の企業が手掛けるよりも，同じ企業内で手掛けたほうが，費用が小さくなり利益が大きくなることを多角化における<u>シナジー効果</u>という。

(5) 企業が多角化する動機として，単一事業への依存軽減を狙う<u>リスクの分散</u>がある。

(1)		(2)		(3)	
(4)		(5)			

3節 多角化企業のマネジメント

教科書 p.121～126

要点整理

正答数　／75問

教科書の内容についてまとめた次の文章の(　　)にあてはまる語句を書きなさい。

多角化が進むと，企業はさまざまな事業を展開する。このような事業全体の構成を，(①　　　　)という。(①)の構築が(②　　　　)のマネジメントの中心となる活動である。

1 選択と集中

教科書 p.121～122

Check!

(①)の構築においては，どのような事業に進出し((③　　　　))，どの程度の資源を動員するか((④　　　　))という二つのテーマがある。これらを合わせて事業の(⑤　　　　)という。

1)市場の成長性

(⑤)の第一の基準は，(⑥　　　　)である。多角化を試みる理由の一つが既存事業の(⑦　　　　)であることを踏まえれば，企業は高い成長が期待される市場への(⑧　　　　)を検討するべきである。ただし，成長の見込みがあっても，その市場がいつ，どのくらいまでに成長するのかを(⑨　　　　)するのは困難である。

2)自社の競争力

(⑤)の第二の基準は，市場における自社の(⑩　　　　)である。たとえ成長する見込みのある市場であっても，企業が十分な(⑩)を確保できなければ，その市場で(⑪　　　　)を得ることは難しくなる。一方，大きな成長が見込めない市場であっても，企業が十分な(⑩)を得ることができる場合，市場から(⑪)を上げることも可能である。

その際に重要となるのが，既存事業における(⑫　　　　)の蓄積である。蓄積が活かされる市場であれば，(⑩)を確保できる可能性が高くなる。進出先の事業の(⑩)の多くは，既存事業で得られた(⑫)が新しい事業でどの程度(⑬　　　　)できるかに影響されるため，既存事業との(⑭　　　　)が実現できれば，(⑩)が高くなる。

3)波及効果

(⑤)の第三の基準は，(⑮　　　　)である。自社の(⑩)という基準は，いままで得てきた(⑫)を活用して，これまでの事業がいかに新たな事業を助けられるかという考え方である。一方，(⑮)は，新規事業に参入することで既存事業の将来にどのような(⑯　　　　)を与えるか，という考え方である。新規事業を通じて新たに獲得した(⑫)によって企業の(⑩)が高まる場合，(⑮)が存在していることになる。

2 PPM

教科書 p.123〜126

Check!

選択と集中という複雑な意思決定する際の(⑰　　　　　　　　)となる分析手法が,(⑱　　　　　　　　　　　　　　　　)である。

1) PPMとは

(⑱)とは，どの事業に集中するか「(⑲　　　　　　　　)」，集中するべき事業にどのように資源を割り当てるか「(⑳　　　　　　　　)」を検討する手法である。市場の魅力度の尺度である「(㉑　　　　　　　)」と，自社の競争力の尺度である「(㉒　　　　　　　　)」の2軸を使って四つのセルをつくる。通常の市場シェアではなく(㉒)を用いる理由は，他社と比較して自社がどの程度(㉓　　　　　　)であるかを明確にするためである。

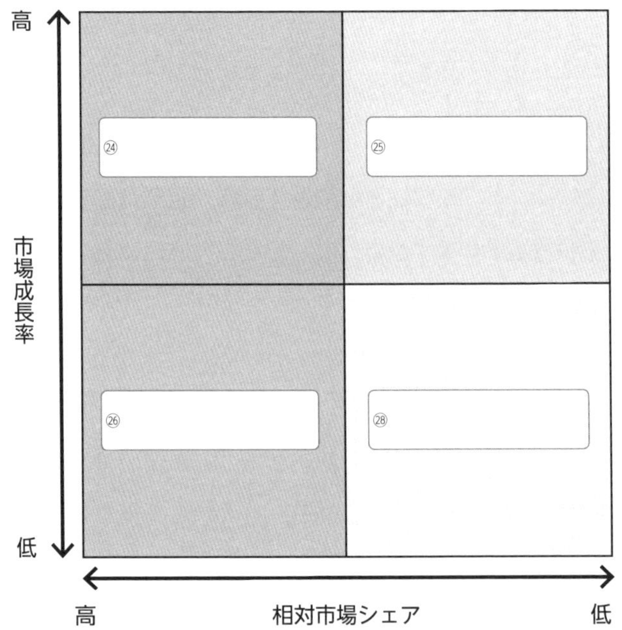

2) PPMの三つの前提

PPMは，以下の三つの考え方が前提となっている。

1．(㉑)が高ければ，拡大していく(㉘　　　　　　)に対応するための生産設備への投資など，市場シェアを維持するだけでも多くの(㉙　　　　　　)が必要となる。

2．市場シェアが高いほど，(㉚　　　　　　　)が増大し，経験が蓄積されるため，(㉛　　　　　　　　)を下げることができ，多くの利益を得ることができる。

3．事業ライフサイクルが示すように，成長率は(㉜　　　　　　)の経過に従って自然と(㉝　　　　　)していき，あらゆる事業がいずれ(㉞　　　　　　)する。

3)四つのセルの特徴

	特徴
1 問題児 (question mark)	・相対市場シェアが(㉟　　　　)。 ・キャッシュは(㊱　　　　)。 ・いまの市場シェアの維持だけでも(㊲　　　　)の投資を必要とする。 ・(㊳　　　　)を自ら賄えるだけのキャッシュを確保できていない。 ・市場シェアを拡大させるために，(㊴　　　　)から多額のキャッシュを融通する必要がある ・成長率が(㊵　　　　)市場である。
2 花形 (star)	・市場成長率が(㊶　　　　)，必要なキャッシュは多いが，相対市場シェアも(㊷　　　　)ため多くのキャッシュを稼ぐことができる。 ・投資に必要なキャッシュと事業で稼ぐキャッシュがほぼ(㊸　　　　)しているため，利益が大きい額になることはあまりない。 ・今後の投資に必要なキャッシュを自らで(㊹　　　　)ことができ，事業として独り立ちができている。 ・(㊺　　　　)する市場において，いまの市場シェアを維持拡大するための投資を(㊻　　　　)していく戦略が求められる。
3 金のなる木 (cash cow)	・市場成長率が相対的に(㊼　　　　)，投資額が(㊽　　　　)ない。 ・相対市場シェアが(㊾　　　　)。 ・稼ぐキャッシュが(㊿　　　　)。 ・十分に成熟した市場の(51　　　　)であるため，事業の規模が大きく，企業全体の(52　　　　)になることが期待される。 ・生み出したキャッシュを(53　　　　)に振り向ける。
4 負け犬 (dog)	・市場成長率が(54　　　　)，事業ライフサイクルの段階では成熟期から(55　　　　)にあり，追加投資に必要なキャッシュは少ない。 ・市場シェアが二番手以下であり，稼ぐキャッシュは(56　　　　)。 ・市場シェアを(57　　　　)ために，大規模なマーケティングなどが必要だが，市場の成長率が(58　　　　)ため，その投資を(59　　　　)することは難しい。 ・投資を抑えつつ事業を継続することで(60　　　　)を得るか，売却や譲渡を通じた(61　　　　)を視野に入れる戦略が求められる。

4章 ビジネスの変革

4）PPMの効果と課題

1 PPMの効果

PPMを行うことで，多角化企業のマネジメントをより適切に行うための三つの効果を得ることができる。

①多角化企業のマネジメントの基本論理の提示

PPMは，多角化企業のマネジメントにおける（62　　　　　　　）を示している。各事業を市場成長率と相対市場シェアという二つの軸で評価したうえで，いま利益が出ていない事業を（63　　　　　　　），今後利益が期待できそうな事業に（64　　　　　　　）するという選択肢を検討することができる。

②選択と集中の足掛かりの提供

PPMは，選択と集中の足掛かりを与えてくれる。投入できる（65　　　　　　　）に限りがあることを踏まえれば，あらゆる分野に投資するのではなく，特定の分野に集中して（66　　　　　　　）を投入する必要がある。すべてが大切な事業にみえるが，成功のために何かを切り捨てなければならないというときに，一つの（67　　　　　　　）となる。

③長期志向の奨励

PPMは，長期志向を奨励する。（68　　　　　　　）な成長を維持するためには，選択するべき（69　　　　　　　）が常に複数存在することが必要である。成長性は高いが，コストが高いといわれるような健全な（70　　　　　　　）部門の重要性を強調するのである。

2 PPMの課題

これらの効果がある一方で，PPMには課題も存在する。

①キャッシュのみへの注目

PPMは，キャッシュという客観的で明確な基準で事業を評価する。しかし，見落とすものもある。例えば，事業間の関係性などはPPMでは十分に考慮できない。（71　　　　　　　）事業でも，（69）の育成に良い影響を与えるならば，その事業を（72　　　　　　　）するべきかもしれない。

②キャッシュの内部調達

PPMでは，企業の内部でキャッシュをやりくりすることを前提としている。しかし，実際は，キャッシュが足りなければ，金融機関など（73　　　　　　　）からキャッシュを調達することができる。内部調達のみを前提としていると，手持ちのキャッシュを超えるような大胆な（74　　　　　　　）を検討せず，（75　　　　　　　）に陥る可能性があることに気をつけなければならない。

▶Step問題

正答数　／10問

1 **次の各文の下線部が正しい場合は○を，誤っている場合は正しい語句を書きなさい。**

(1) 市場の総売上高に対する個々の企業の商品の売上高が占める割合を<u>市場シェア</u>という。

(2) PPMでは，市場の魅力度の尺度として<u>市場魅力度</u>を用いる。

(3) ある商品を生産し始めてから現在に至るまでに生産してきた量を<u>生産コスト</u>という。

(4) 商品を売り上げて流入する現金から，原材料の仕入れなどで流出した現金を差し引いた後に残る現金を<u>フロー</u>という。

(5) 縮小傾向にある市場において，競合企業が撤退したあとに，生き残った少数の企業だけが市場を寡占することで得られる利益を<u>先行者利益</u>という。

(1)		(2)		(3)	
(4)		(5)			

2 **次の(1)〜(4)に最も関係の深いものを解答群から選び，記号で答えなさい。**

(1) 相対市場シェアが小さく，キャッシュは少ない。この市場で市場シェアを拡大させるためには，多額のキャッシュをほかの事業から融通する必要がある。

(2) 相対市場シェアが高く，稼ぐキャッシュが大きい。いまの市場シェアを維持し，生み出されたキャッシュを将来の主力となりそうなほかの事業へ振り向ける戦略が求められる。

(3) 売却や譲渡を通じた撤退を視野に入れるか，投資を抑えつつ事業を継続することで生き残った少数の企業の寡占による利益を目指すか，という戦略が求められる。

(4) 投資に必要なキャッシュは多いが相対市場シェアも高いため多くのキャッシュを稼ぐことができる。市場シェアを維持拡大するための投資を継続していく戦略が求められる。

【解答群】 **ア** 花形　**イ** 金のなる木　**ウ** 負け犬　**エ** 問題児

(1)		(2)		(3)		(4)	

3 **PPMの課題を，「キャッシュ」という語を用いて，100字程度で説明しなさい。**  

4節 事業の転換

教科書 p.127～132

要点整理

正答数　　／63問

教科書の内容についてまとめた次の文章の(　　)にあてはまる語句を書きなさい。

事業ポートフォリオを転換する際の基本的な方針は，事業の(①　　　　　　)を促すものである。既存事業からの撤退を通じて得られた資金を，(②　　　　　　)への(③　　　　　　)に集中的に回して，(④　　　　　　)の主力となる事業を育成する。

1 既存事業からの撤退

教科書 p.127～128

Check!

1)撤退事業の選別

企業は，事業の(⑤　　　　　　)を通じて，既存事業が中核事業か非中核事業かを判断する。ここで，非中核事業とされた事業は，(⑥　　　　　　)や他企業への(⑦　　　　　　)を通じて企業から切り離される。また，複数の企業間で事業を(⑧　　　　　　)したり，経営者が参画して独立する(⑨　　　　　　)を実施したりする。

2)撤退障壁

既存の事業から撤退する際には，次のような三つの撤退障壁に直面することになる。

1 雇用問題

第一の障壁が，撤退する事業で働いている従業員の(⑩　　　　　　)問題である。事業から撤退すると，その事業で働いてきた従業員の(⑩)はなくなることになる。そのため，ほかの事業への(⑪　　　　　　)や(⑫　　　　　　)が必要になるが，後ろ向きの意思決定であるため，従業員全体の(⑬　　　　　　)の低下を引き起こす恐れがある。

2 責任問題

第二の障壁が，撤退に関わる(⑭　　　　　　)である。撤退という決定はその事業の(⑮　　　　　　)の(⑭)を表面化させる。事業の(⑮)はその時点の担当者だけに責任があるわけでなく，これまで担当した人々にも責任があるため(⑯　　　　　　)の担当者が責任を追及される。(⑯)の責任を追及されたくない人たちは撤退に(⑰　　　　　　)し事業の(⑱　　　　　　)を主張することがある。

3 信用問題

第三の障壁が，(⑲　　　　　　)の喪失である。事業撤退は，顧客や供給業者などの(⑳　　　　　　)に迷惑をかける。また，その企業に対し，事業存続できないほど追い込まれていると世間から捉えられ，企業の(㉑　　　　　　)に傷をつける可能性がある。その結果，低迷が続き(㉒　　　　　　)を出し続けていたとしても存続させることがある。

Check!

2 新規事業への投資

教科書 p.129〜131

新たな事業を始める際には，新たな経営資源が必要になる。この新たな経営資源として，(㉓　　　　)の経営資源を活用する場合と(㉔　　　　)の経営資源を活用する場合がある。

1)内部開発

蓄積した(㉓)の経営資源を活用して新規事業に取り組むことを内部開発という。

1　内部開発の長所

内部開発では，自社の経営資源を拡大させることができ，その拡大のプロセスで得られるさまざまな(㉕　　　　)も社内に蓄積できる。また，内部開発では，開発プロセスのすべてを自社でコントロールすることができるため，(㉖　　　　)に柔軟に対応できる。

2　内部開発の短所

内部開発では，企業が(㉗　　　　)していない経営資源を構築するため，開発に失敗する(㉘　　　　)を負うことに加え，(㉙　　　　)のかかるプロセスになるという短所がある。特に，開発プロセスの初期段階では，(㉚　　　　)がかさむが，芽が出るまで(㉛　　　　)を続ける忍耐強さが求められる。

2)M&A

(㉔)の経営資源を活用する手段にM&Aがある。M&Aとは，(㉜　　　　)を自社に取り込むために行われるものであり，(㉝　　　　)と(㉞　　　　)のことである。(㉝)とは，(㉟　　　　)つ以上の企業が一つになることであり，(㉞)とは，ほかの企業の株式を買い取り，(㊱　　　　)を獲得することである。

1　M&Aの長所

M&Aでは，(㉙)をかけずに自社が保有していない経営資源を手に入れることができるため，新しい事業ですばやく市場での(㊲　　　　)を築くことができるという長所がある。また，すでに存在する企業を買収するため，開発に失敗する(㉘)を負うこともない。

2　M&Aの短所

M&Aでは，合併先，買収先の企業の価値を事前に評価することが難しいという短所がある。合併先，買収先の企業の(㊳　　　　)の価値をM&Aを(㊴　　　　)する時点で見積もるため，本来の価値よりも(㊵　　　　)に評価することがある。そのため，(㉛)に見合った(㊶　　　　)が得られないことが起こる。さらに，段階的な投資が難しく，合併時，買収時に大きな(㊷　　　　)が必要となる。

3）提携

提携とは，特定の分野に限定して複数の企業が業務上の（㊸　　　　　）を結ぶことであり，（㊹　　　　　）とも呼ばれる。技術の共同開発，資材の共同調達，商品の共同販売などの業務に関して提携が結ばれる。また，より強い（㊸）を築くために，一定数の株式を保有することもあり，（㊺　　　　　）という。提携は，内部開発とM&Aの（㊻　　　　　）を避け，両方の（㊼　　　　　）を得られるように設計される。

1　提携の長所

提携には，相対的に（㊽　　　　　）を抑えて，たがいに必要な経営資源を活用することができるという長所がある。ただし，時間の経過とともに（㊾　　　　　）や（㊿　　　　　）が蓄積されていくにつれ，たがいが必要とするものが変わっていくことに注意する必要がある。

2　提携の短所

提携はたがいの（51　　　　　）を前提とした他社との（52　　　　　）になるため，提携相手の（53　　　　　）に大きく影響を受けるという短所がある。複数の企業が一つになるM&Aとは異なり，（54　　　　　）はなく，それぞれの企業は独立したままである。そのため，提携相手の（53）転換により提携が（55　　　　　）されるといったように，提携相手との兼ね合いで自社の思い通りにできないこともある。

Check!

3 事業転換のジレンマ

教科書 p.132

事業ポートフォリオの転換において，企業は二つのジレンマに直面する。

1）企業能力のジレンマ

事業転換に取り組む必要性が高い企業ほど，（56　　　　　）や（57　　　　　）が必要な事業を抱えている。そうした状況に追い込まれるまでになったのは，事業転換を成し遂げるために必要な（58　　　　　）が欠けていたからだと考えられる。つまり，これまで事業転換できなかったから窮地に追いやられているのに，どのようにして事業転換を成功させるのか，というジレンマである。

2）市場魅力度のジレンマ

事業転換においては，新たな魅力的な事業への（59　　　　　）が必要となる。しかし，自社にとって魅力的な事業は，（60　　　　　）にとっても同様に魅力的に映ることが多い。そのため，魅力的と考える事業ほど，（60）も同様に（61　　　　　）する可能性が高まり，（62　　　　　）が激しくなると予想される。魅力的な事業ほど（62）が激しくなるため，多くの企業が魅力的と考える事業に（61）するほど，（63　　　　　）を上げることが難しくなる，というジレンマである。

▶Step問題

正答数　　／12問

1 **次の各文の下線部が正しい場合は○を，誤っている場合は正しい語句を書きなさい。**

(1) 経営陣が株主から自社株式を買い取って独立することをTOBという。

(2) 行っている業務をすべて中止し，事業を解散させる手続きを行うことを統合という。

(3) ほかの企業の株式を買い取り，経営権を獲得することを合併という。

(4) 責任を持って関与することを明言することをコミットメントという。

(5) ほかの企業と強い協力関係を築くため，株式を保有し合うことを業務提携という。

(1)		(2)		(3)	
(4)		(5)			

2 **(1)〜(5)に最も関係の深いものを解答群から選びなさい。**

(1) 開発プロセスを自社でコントロールできるため，事業環境の変化に柔軟に対応できる。

(2) 開発に失敗するリスクを負うことに加え，時間のかかるプロセスになる。

(3) 新しい事業ですばやく市場の地位を築くことができる。

(4) ほかの投資に比べてリスクを抑えて，必要な経営資源を的確に活用することができる。

(5) たがいに独立性を前提としているので，相手の方針に影響を受ける

【解答群】 **ア** 提携の長所　**イ** 提携の短所　**ウ** 内部開発の短所
エ 内部開発の長所　**オ** M&Aの長所

(1)		(2)		(3)		(4)		(5)	

3 **事業転換において企業が直面する「企業能力のジレンマ」と「市場魅力度のジレンマ」とはどのようジレンマか。それぞれ60字程度で説明しなさい。**

企業能力のジレンマ

市場魅力度のジレンマ

◆探究問題 4

参照：1ビジネスの拡大

1 多角化している企業や店を調べて，書き出そう。

2 ①であげた企業や店は関連型多角化か非関連型多角化か分類して，分類した理由を書いてみよう。

関連型多角化を行った企業や店と分類した理由

非関連型多角化を行った企業や店と分類した理由

3 ここまで調べた内容をもとに，関連型多角化を行うと成功しそうな企業や店と，進出分野を理由とともに書き出そう。

企業名	進出分野	理由

次の(1)〜(17)にあてはまる用語を書きなさい。

1回目 □ 2回目 □ (1) ビジネスの拡大に関する基本的な方針を策定する際に活用される考え方。 (　　　　)

□□(2) 成長マトリクスの方針の一つで，既存の商品を使って既存の市場で成長していく方針のこと。 (　　　　)

□□(3) 成長マトリクスの方針の一つで，新たな商品を既存市場に出すことで成長していく方針のこと。 (　　　　)

□□(4) 成長マトリクスの方針の一つで，既存の市場とは異なる新たな市場に，既存商品を出すことで成長していく方針のこと。 (　　　　)

□□(5) 成長マトリクスの方針の一つで，既存の商品と市場から同時に離れて，新たな市場に新たな商品を出して成長していく方針のこと。 (　　　　)

□□(6) 蓄積された経営資源やコア・コンピタンスを活用して，既存の商品や市場とは異なる分野に進出する多角化のこと。 (　　　　)

□□(7) 直接的な関連性を持たない新たな事業に進出する多角化のこと。 (　　　　)

□□(8) 企業が展開する事業全体の構成，組み合わせ。 (　　　　)

□□(9) 事業の選択と資源の配分を検討する手法。「市場成長率」と「相対市場シェア」の2軸を使って四つのセルをつくり，分析する。 (　　　　)

□□(10) ある市場におけるある年の市場規模を前年の市場規模で割って算出する割合のこと。 (　　　　)

□□(11) 自社を除く同業他社のうち最大手と自社の市場シェアの比率のこと。 (　　　　)

□□(12) 企業が行っている業務をすべて中止して，企業を解散する手続きを行うこと。 (　　　　)

□□(13) 経営陣が株主から自社株式を買い取って独立すること。経営陣買収とも呼ばれる。 (　　　　)

□□(14) 蓄積した企業内部の経営資源を活用して新規事業に取り組むこと。 (　　　　)

□□(15) 合併と買収のことであり，他企業を自社に取り込むために行われる。 (　　　　)

□□(16) 雇用問題，責任問題，信用問題など企業が市場から退くことを妨げるもの。 (　　　　)

□□(17) 特定の分野に限定して，複数の企業が業務上の協力関係を結ぶこと。アライアンスともいう。 (　　　　)

▲アプリはこちらから

アプリでほかの問題にもチャレンジしてみよう！

1節 社会における企業

教科書 p.136〜137

要点整理

正答数 ／15問

教科書の内容についてまとめた次の文章の(　　)にあてはまる語句を書きなさい。

企業は，株主，債権者といった(①　　　　　　　　)からの(②　　　　　)なしに，事業を行うことができない。(①)からの(②)を得てはじめて，企業が事業を行うことが可能となる。

事業を行うには，商品を(③　　　　　)，(④　　　　　)，(⑤　　　　　)するために，十分な資金を調達する必要がある。もし，新たに事業を始めようとする(⑥　　　　　)自身が十分な資金を持っていなければ，株主や債権者に資金を提供してもらう必要がある。

事業が拡大したり複雑になったりするにつれて，(⑥)一人で事業を担うのは難しくなる。そのような場合には，(⑦　　　　　)に事業を手伝ってもらう必要が出てくる。

さらに，資金を調達して(⑦)を雇っても，商品を買ってくれる(⑧　　　　　)がいなければ事業を存続できない。

そして，事業の継続において，(⑨　　　　　)や(⑩　　　　　)の人々の存在も不可欠である。(⑨)は，道路や上下水道，学校などの(⑪　　　　　)を整備してくれる。また，(⑩)の人々から理解がなければ，その地域で(⑫　　　　　)をつくったり販売したりすることはできない。(⑩)との良好な(⑬　　　　　)なしに，事業を円滑に進めることはできないのである。

企業と(①)の関係は，企業がどのように(①)から(②)されているか，(①)からの(②)に対して，企業はどのような(⑭　　　　　)を負っているか，その(⑭)を企業がしっかり果たすように，(①)がどのように企業を(⑮　　　　　)しているかを理解する必要がある。

▶Step 問題

正答数 ／1問

1 企業のステークホルダーとなる主体を，複数挙げなさい。

(　　　　　　　　　　　　　　　　　　　　)

2節 企業への支援

教科書 p.138〜142

要点整理

正答数　／43問

教科書の内容についてまとめた次の文章の(　　)にあてはまる語句を書きなさい。

1 株主からの支援

教科書 p.138

Check!

資金調達の方法の一つが(①　　　　)を募ることである。(①)とは，事業に見込みがあると考える人たちが，株式と引き換えに資金を提供することである。株式を持つ資金の提供者を(②　　　　)または(③　　　　)という。

(②)は，その事業が成功して利益が上がった場合，(④　　　　)を得ることができたり，配当金などの(⑤　　　　)を受け取ることができたりする。(②)は，企業に配当金の(⑥　　　　)を求めることができるが，出資した資金の(⑦　　　　)を企業に求めることができない。ただし，株式を他者に譲渡して(⑧　　　　)することができる。(①)という形で提供される資金は，「返さなくてもよい」資金と呼ばれ，(①)を受けた企業の(⑨　　　　)の一部となる。

また，株主には，(⑩　　　　)に応じて，企業の重要な意思決定に参加する(⑪　　　　)も与えられるため，特定の個人や組織に株式を(⑫　　　　)られると，その人たちの意向に従わざるを得なくなるのである。

2 債権者からの支援

教科書 p.139

Check!

企業は，(⑬　　　　)や(⑭　　　　)を通じても資金を調達することができる。これらは，(①)による調達とは異なり，「返さなければならない」資金である。

(⑬)とは，主に銀行などの金融機関が資金を貸すことである。企業側からすれば，金融機関から資金を借りることである。一方，(⑭)とは，社債などの債券の発行や募集をすることである。(⑭)では，一般の人々や企業など多くの(⑮　　　　)から資金を募ることができる。資金の貸し手は，資金の返済を受ける権利である(⑯　　　　)を企業から受け取るため，(⑯)者と呼ばれる。一方，資金の借り手である企業は，資金を返済する義務である(⑰　　　　)を負うため，(⑰)者と呼ばれる。(⑬)や(⑭)で調達した資金は，企業の(⑱　　　　)に含まれる。

(⑯)者は，企業が上げる利益にかかわらず，(⑲　　　　)を迎えるまで定められた利息を受け取り，(⑲)を迎えた際は貸していた(⑳　　　　)を返済されるよう法的に保護されている。ただし，(⑰)者が倒産すると多くの場合は，資金を(㉑　　　　)できなくなる。このことを(㉒　　　　)という。

3 従業員からの支援

教科書 p.140

Check!

経営者にとって従業員は，自身に代わって業務を担う存在である。そのため，従業員にいかに仕事をしてもらうかが，(㉓　　　　)では重要になる。

従業員は，(㉔　　　　)に従い企業に(㉕　　　　)を提供し，その対価として(㉖　　　　)を受け取り，それをもとにさまざまな商品を購入する。

(㉖)は従業員にとって重要な意味を持つが，従業員が企業を支援することは，給与を得ること以上の意味を持つ。企業は多くの従業員にとって，(㉗　　　　)を提供する場であるだけでなく，社会生活における(㉘　　　　)の場でもある。

4 消費者からの支援

教科書 p.141

Check!

企業は，(㉙　　　　)の解決に役立つ商品を提供することを目的にしている。そのため，課題を抱えている消費者が購入するだけの(㉚　　　　)があると思う商品を提供することに企業の(㉛　　　　)があり，結果として消費者から対価を得ることができる。そして，消費者が商品に(㉚)を見出せなくなったとき，商品が売れなくなり，企業は(㉜　　　　)するための資金を賄えなくなる。このように，消費者は，企業の商品を購入するという(㉝　　　　)を通じて，企業が事業を続けていくことを支援している。

5 行政機関からの支援

教科書 p.141

Check!

企業の日々の事業活動は，行政機関が維持，管理する(㉞　　　　)を使わなければ成り立たない。企業は(㉞)を当たり前のように使っているが，企業自らがこれらを整備したわけではない。多くの場合，(㉞)は行政機関が維持，管理している。行政機関は，(㉞)を整備することで，企業が円滑に事業を(㉟　　　　)できるよう支援している。

6 地域社会からの支援

教科書 p.142

Check!

企業は，地域社会に影響を与え，影響を受けている。企業が新たな拠点を構えると，そこで生まれる仕事が地元の人々の(㊱　　　　)につながる。また，ある地域に拠点を構えるには，企業が運営する事業の価値や意義に対して地元の人々から(㊲　　　　)を得なければならず，地域社会からの(㊳　　　　)を無視することもできない。

もし企業が環境汚染など社会的に(㊴　　　　)な行動をとり，地域社会から(㊵　　　　)を失うことになれば，その地域で事業活動を行うことが難しくなる。(㊶　　　　)などは，企業が地域社会からの(㊵)を失う代表的な例である。

また，企業は，地域社会の(㊷　　　　)を解決するという役割を担うことも期待されているため，企業が事業を展開しやすい(㊸　　　　)を，地域社会が積極的に整えることもある。

▶Step 問題

正答数　　／9問

1 次の各文の下線部が正しい場合は○を，誤っている場合は正しい語句を書きなさい。

(1) 起債とは金融機関が資金を貸すことをいう。

(2) 一方が労働力を提供することを約束し，もう一方がこれに対して賃金を支払うことを約束する契約を売買契約という。

(3) 債務者が倒産した場合，債権者が資金を回収できなくなることを貸し倒れという。

(4) 株式など保有している資産の売却により得られる値上がり益をインカムゲインという。

(5) 株式会社の特徴は，すべての株主が無限責任であるという点である。

(1)		(2)		(3)	
(4)		(5)			

2 日本的経営である「終身雇用」「年功序列」「企業別労働組合」の三つの経営慣行を，それぞれ「雇用」「年齢」「企業別」という語を用いて20字程度で説明しなさい。

終身雇用

年功序列

企業別労働組合

3 債権者からの資金調達の長所は何か，「経営」「利息」という語を用いて70字程度で説明しなさい。

3節 企業の責任

教科書 p.143〜148

要点整理

正答数　　／49問

教科書の内容についてまとめた次の文章の(　　)にあてはまる語句を書きなさい。

ステークホルダーからの(①　　　　　)のおかげで，企業は事業を営むことができる。企業は，その(①)に対してさまざまな形で報いる責任を負っている。

1 株主への責任

教科書 p.143

Check!

株主は，出資する企業が利益を上げた場合，(②　　　　　　　　)や配当金などの(③　　　　　　)を得ることができる。そのため株主は，より多くの利益が(④　　　　)されることを期待している。企業は，利益を上げることにより，株主からの出資に報いる責任がある。

2 債権者への責任

教科書 p.143

Check!

企業は，債権者に(⑤　　　　　)を支払い，(⑥　　　　　)を返済する責任がある。債権者は，(⑦　　　　　　)の企業が多くの利益を上げても，決められた額の(⑤)と(⑥)しか受け取れない。

3 従業員への責任

教科書 p.144

Check!

従業員が(⑧　　　　　　)を提供すると，企業はその対価として(⑨　　　　　)を支払うことになる。従業員は支払われた(⑨)によって(⑩　　　　　)を立てているため，企業は従業員に対して(⑪　　　　　)な責任を負っているのである。

ただし，従業員への責任には，(⑪)な責任だけでなく，(⑫　　　　　)な責任もある。従業員は雇用されると一定の(⑬　　　　　)を受け入れて経営者の指示に従わなければならないが，(⑨)を支払っているからといって経営者が何をしても許されるわけではない。経営者は，従業員には(⑭　　　　　)に則って接しなければならない。

企業の成長には，従業員と良い関係を構築し，よりよく働いてもらえる(⑮　　　　　)の整備が欠かせない。そのためには，従業員が不快な思いをせずに働くことができるように(⑯　　　　　　)への対策をしたり，仕事と生活の調和を目指す(⑰　　　　　　　　)や，多様な人材の能力が発揮できる職場を実現する(⑱　　　　　　)を推進したりすることが重要となる。

4 消費者への責任

教科書 p.145

Check!

企業は消費者が求める商品を提供する対価として(⑲　　　　　)を得る。その(⑲)があるからこそ，株主には(⑳　　　　　)を出したり，債権者には(㉑　　　　　)や

(㉒　　　　)を支払ったりすることができる。また，消費者に役立つ商品を継続的に提供することも可能となる。企業は提供する商品を通じて，消費者への責任を果たしていくことになる。

責任を果たすために，企業は消費者の安全衛生の保護に取り組まなければならない。商品の(㉓　　　　)は，消費者の(㉔　　　　)にも関わる可能性があるため，(㉕　　　　)などさまざまな法律が整備されている。

企業は，商品を提供する際に，(㉖　　　　)の問題にも取り組まなければならない。消費者よりも企業のほうが商品のことを知っているため，企業は商品に関する情報を正確かつ適切に伝えることで，消費者への責任を果たすことができる。一方，(㉗　　　　)や(㉘　　　　)，(㉙　　　　)などの不正行為は，誤った情報を消費者に与える行為であり，企業の信頼を失墜させるものである。

Check!

5 行政機関への責任

教科書 p.146~147

企業の事業活動において不可欠なインフラは行政機関によって整備されており，その維持や管理には⑲が必要である。⑲がなければ，老朽化が進む道路や上下水道を改修することができず，企業の日々の活動に支障が出てしまう。そのため企業は，行政機関が提供するインフラの整備など，公共サービスへの対価として(㉚　　　　)を支払っている。

企業が支払う㉚には，国に納める(㉛　　　　)と地方公共団体に納める(㉜　　　　)があり，そのなかには，所得にかかる税，財産にかかる税，取引にかかる税などがある。

1)所得にかかる税

企業の所得にかかる税金には，次の三種類がある。

(㉝　　　　)は，法人の所得に課される㉛である。企業の所得に法律で定められた税率をかけて計算される。この税率は法人の資本金などによって変わる。また，(㉞　　　　)でない場合は㉝を納める必要は無い。

(㉟　　　　)は，法人であっても自治体の(㊱　　　　)を享受しているという視点から課される㉜である。所得に応じて課される部分と，資本金や従業員数に応じて課される部分から構成される。

また，(㊲　　　　)は，法人が事業を営むことで㊱を享受している視点から課される㉜である。㉝と同様に，基本的に企業の所得に対して課される税金である。

5章 ビジネスと社会

2)財産にかかる税金

企業が保有する財産にかかる税は，主に(㊳　　　　　　　　)である。(㊳)とは，土地や建物，設備などの所有者に課される(㉜)である。

3)取引にかかる税金

取引にかかる税金は，主に(㊴　　　　　　)である。(㊴)は，製品やサービスに対して課される税で，国に納める(㊴)と地方公共団体に納める(㊵　　　　　　　)がある。取引の際に消費者が支払った税を，事業者が国や地方公共団体に納める仕組みになっている。このように納める人と負担する人が異なる税金を(㊶　　　　　　)という。

(㊴)のほかには，取引に関連して作成される文書にかかる(㉛)で，契約書や領収証などに貼り付けて税金を納める(㊷　　　　　　)や，不動産を購入したときに一度だけ納める(㊸　　　　　　　　)がある。

6 地域社会への責任

教科書 p.148

Check!

企業は(㊹　　　　　　　)とも呼ばれ，その責任を果たしていくことが求められる。

そのため企業は，(㊺　　　　　　　　　　)や，社会問題に対する地域社会からの期待に応えることが求められる。また，(㊻　　　　　　　)を確立し，遵守することで，(㊼　　　　　　　　　)を果たす必要がある。(㊼)を果たすことは，企業にとって(㊽　　　　　　　　　　　)にもなる。なぜなら，自社の商品が製造から販売されるまでの環境負荷など幅広い事業活動の影響を点検することで，自社の商品が社会に悪影響を与える(㊾　　　　　　　)を認識できるためである。

▶Step 問題

正答数　　　／16問

1 次の各文について，条件に合うものはAを，それ以外はBを解答欄に書きなさい。

●条件　消費者への責任を果たすための企業の活動

(1)　企業が，ハラスメントの対策に取り組む活動。

(2)　企業が，商品の情報を正確かつ適切に伝える活動。

(3)　企業が，債務の利息を確実に支払う活動。

(4)　企業が，さまざまな税金を納める活動。

(5)　企業が，安全で衛生的な商品を提供する活動。

(1)		(2)		(3)		(4)		(5)	

2 次の企業が納める税金の種類の表の(1)〜(5)に該当する税金を，解答群から選びなさい。

課税の対象	国税	地方税
所得	(1)	(3)
財産	—	(4)
取引	(2)	(5)

【解答群】 ア　事業税　　イ　不動産取得税　　ウ　法人税　　エ　印紙税

オ　固定資産税

(1)		(2)		(3)		(4)		(5)	

3 次の各文の下線部が正しい場合は○を，誤っている場合は正しい語句を書きなさい。

(1) 製造物の欠陥により損害が生じた場合における製造業者の責任について定めた法律をPL法という。

(2) 個人の能力や特性を無視して，男らしさや女らしさという基準で差別的な言動をしたり，相手を非難したりすることをモラル・ハラスメントという。

(3) 多様性を意味し，企業経営においては人材と働き方の多様性のことをワークライフバランスという。

(4) 広告などにおいて，商品の品質や内容などについて事実とは異なる誇張した書き方をして，消費者を誘引する恐れがある表示のことを品質偽装という。

(5) 企業の事業活動が地域社会に及ぼす企業の責任のことをSDGsという。

(1)		(2)		(3)	
(4)		(5)			

4 近年におけるアカウンタビリティはどのような考え方か，「利害関係者」という語を用いて100字程度で説明しなさい。

4節 企業への牽制

要点整理

正答数　／32問

教科書の内容についてまとめた次の文章の(　　)にあてはまる語句を書きなさい。

企業は，(①　　　　　　　　)からの支援のうえに成り立っており，その支援に報いる責任がある。企業にその責任を果たさせるために，(①)は，企業を牽制し，適切に責任を果たすように働きかける。これが(②　　　　　　　　)である。

1 株主による牽制

教科書 p.149~151

Check!

株主による牽制には，株主自身が企業を牽制する(③　　　　　　　　)と株主がほかの第三者に委託して企業を牽制する(④　　　　　　　　)がある。

1)株主による直接的牽制

株主総会は，株主が(⑤　　　　　　　　)に参加するための場である。株主総会は，株式会社の最高意思決定機関であり，(⑥　　　　　　　　)の変更など経営の基本的な方針や(⑦　　　　　　　　)の選任と解任などの重要な事項が決定される。

2)株主による間接的牽制

株主は(⑧　　　　　　　　)を通じて間接的に企業を牽制している。(⑧)は，重要な意思決定は行うが，日常的な経営判断などは(⑨　　　　　　　　)に委ね，その(⑩　　　　　　　　)を行っている。

(⑧)は(⑨)と意思疎通を図るが，意思疎通が行き過ぎると，取締役会の(⑪　　　　　　　　)が失われ，適切な(⑩)ができなくなる。また，(⑪)を過度に重視して当該企業や業界に詳しくない者を取締役に選任すると，実質的な(⑩)ができないという(⑫　　　　　　　　)が存在する。

2 債権者による牽制

教科書 p.152

Check!

銀行などの金融機関に代表される債権者は，借り手である企業の返済能力などに関する情報の(⑬　　　　　　　　)，(⑭　　　　　　　　)を行うことで，企業の牽制において重要な役割を果たす。金融機関は，日々の業務を通じて，部外者では知ることができない企業の(⑮　　　　　　　　)を知ることができる。資金の使い道や企業活動を全般的に(⑯　　　　　　　　)することで，資金が適切な用途に使われるようにする。

3 従業員による牽制

教科書 p.152

Check!

従業員による企業への牽制の方法には，(⑰　　　　　　　　)がある。これは，法令違反や不正行為の情報を社内から集め，企業自らが企業活動を(⑱　　　　　　　　)することを目指している。従業員が直接，企業に情報を提供する(⑲　　　　　　　　)や，従業員が監督官庁などの外部機関に情報を提供する(⑳　　　　　　　　)という方法がある。

4 消費者による牽制

教科書 p.153

Check!

消費者は，主に商品への不満の表明を通じて企業を牽制する。不満の表明で最も基本的な手段は(㉑　　　　　　　　)である。また，近年では，(㉒　　　　　　　　)により消費者は商品に対する不満を簡単に表明できる。表明された不満は，短時間のうち広まり，企業の(㉓　　　　　　　　)や(㉔　　　　　　　　)を傷つけることも少なくない。

(㉒)のほかにも，企業が設置する顧客との(㉕　　　　　　　　)を通じて，消費者は企業に不満を伝える。消費者の不満を放置しておけば，将来の(㉑)につながるため，企業はさまざまな(㉖　　　　　　　　)を通じて得られた顧客の声を，今後の(㉗　　　　　　　　)や(㉘　　　　　　　　)の向上に活かしていく必要がある。

5 行政機関による牽制

教科書 p.153

Check!

行政機関は，企業が法令を遵守していない場合や悪質な行為を働いた場合に，(㉙　　　　　　　　)や(㉚　　　　　　　　)を通じて，企業を牽制する。(㉙)とは行政機関が法律に基づいて，個人や企業に対して行政上の処分を科すものであり，下された(㉙)には(㉛　　　　　　　　)がある。一方，(㉚)は法的な(㉛)はない。

6 地域社会による牽制

教科書 p.154

Check!

地域社会は，良き市民としての企業の(㉜　　　　　　　　)を提示し，その遵守を企業に促すことで，企業を牽制している。(㉜)には企業が取り組むべき課題などが記載されている。

▶Step問題

正答数　　／5問

1 次の各文の下線部が正しい場合は○を，誤っている場合は正しい語句を書きなさい。

(1) 株主による間接的な牽制は，主に株主総会を通じて行われる。

(2) 取締役会は，日常的な経営判断や業務執行は株主に委ねて，その監督を行っている。

(3) 従業員が外部機関に企業の不正行為情報を提供することを内部通報という。

(4) 行政機関が個人や企業の自発的な協力を得て，勧告や助言することを行政処分という。

(5) 消費者が，主に商品に対する不満を表明する最も基本的な方法は不買である。

(1)		(2)		(3)	
(4)		(5)			

◆探究問題 5

参照：4 企業への牽制

1 SDGsに取り組んでいる企業や団体を調べ，あなたが興味を持った活動を行っている企業の「貢献できる目標」と「活動内容」を書き出そう。

企業
団体名

貢献できる目標

活動内容

2 企業がSDGsに取り組むメリットを考えよう。

3 SDGsの目標とターゲットのなかで，あなたが学校や地域社会で取り組めるものを考え，「貢献できる目標」と「活動内容」をまとめよう。

貢献できる目標

活動内容

■重要用語の確認　5

正答数　1回目　／20問　2回目　／20問

次の(1)～(20)にあてはまる用語を書きなさい。

1回目□ 2回目□ (1)　企業に対して，直接的または間接的に利害関係がある主体。（　　　　）

□□(2)　産業や生活の基盤として整備される施設のこと。（　　　　）

□□(3)　何らかの行動を通じて，相手の注意を引きつけ，自由な行動を抑えること。（　　　　）

□□(4)　株式など，保有している資産を売却することで得られる値上がり益のこと。（　　　　）

□□(5)　株式などの資産の保有により得られる，配当金や社債の利子収入などの収益のこと。（　　　　）

□□(6)　金融機関が資金を貸すこと。（　　　　）

□□(7)　債券の発行や募集をすること。（　　　　）

□□(8)　一度正規雇用をされれば，定年まで雇用される慣行。（　　　　）

□□(9)　年齢に比例して賃金や地位が上昇するという慣行。（　　　　）

□□(10)　さまざまな団体は，自らの活動が社会に与える影響を，直接的な利害関係者だけでなく，間接的な利害関係者にも報告する必要があるという考え方。（　　　　）

□□(11)　仕事と私生活の両方を充実させることで，相乗効果が生まれ，より良い人生になるという考え方。（　　　　）

□□(12)　多様性を意味し，企業経営においては，人材と働き方の多様化のこと。（　　　　）

□□(13)　製造物の欠陥により損害が生じた場合における製造業者の責任について定めた法律。（　　　　）

□□(14)　商品の品質や内容などについて事実とは異なる誇張した書き方をして，消費者を誘引する恐れがある表示のこと。（　　　　）

□□(15)　法人の事業から生じた所得に課される国税。（　　　　）

□□(16)　法律や社会的な通念を守ること。（　　　　）

□□(17)　企業の事業活動が地域社会に及ぼす影響に対する企業の責任のこと。（　　　　）

□□(18)　組織的にリスクを管理することで，損失の回避または低減を図るプロセスのこと。（　　　　）

□□(19)　ステークホルダーが，責任を適切に果たさせるために企業を牽制すること。（　　　　）

□□(20)　不正行為に関わる情報を外部機関に提供すること。（　　　　）

▲アプリはこちらから

アプリでほかの問題にもチャレンジしてみよう！

▶目標設定＆振り返りシート◀

本書での学習を進めるにあたり，各章ごとに記録をつけながら学習態度を振り返ったり，目標を設定したりしましょう。重要用語の確認は得点を記入し，探究問題は「本書の使い方」を参照してチェックボックスをつけましょう。次に取り組むときに，どのような点に気を付ければよいかを記入しましょう。memo欄には，「記述問題の正答数を増やす」など，それぞれの章の学習で自分自身が目標にしたい内容を書き込んでください。また，それができたかも振り返りながら学習を進めましょう。

1章 ビジネスの創造

本書 p.2〜23

重要用語の確認(p.23)　1回目　　/23問　　2回目　　/23問
探究問題(p.22)　Check!
memo

2章 ビジネスの組織化

本書 p.24〜41

重要用語の確認(p.41)　1回目　　/21問　　2回目　　/21問
探究問題(p.40)　Check!
memo

3章 経営資源のマネジメント

本書 p.42〜67

重要用語の確認(p.67)　1回目　　/24問　　2回目　　/24問
探究問題(p.66)　Check!
memo

4章 ビジネスの変革

本書 p.68〜83

重要用語の確認(p.83)　1回目　　/17問　　2回目　　/17問
探究問題(p.82)　Check!
memo

5章 ビジネスと社会

本書 p.84〜95

重要用語の確認(p.95)　1回目　　/20問　　2回目　　/20問
探究問題(p.94)　Check!
memo